自然教育指导师手册

国家林业和草原局人才开发交流中心组织编写

刘 艳 主编

中国林业出版社
China Forestry Publishing House

图书在版编目（CIP）数据

自然教育指导师手册 / 国家林业和草原局人才开发交流中心组织编写；刘艳主编. —北京：中国林业出版社，2020.10（2024.12重印）

ISBN 978-7-5219-0778-0

Ⅰ.①自… Ⅱ.①国… ②刘… Ⅲ.①自然教育-儿童教育-手册 Ⅳ.①G40-02

中国版本图书馆CIP数据核字（2020）第172557号

中 国 林 业 出 版 社 · 教 育 分 社

策划、责任编辑：曹鑫茹　高红岩　　　　责任校对：苏　梅
电　　话：（010）83143560　　　　　　传　真：（010）83143516

出版发行	中国林业出版社（100009　北京市西城区德内大街刘海胡同7号） E-mail:jiaocaipublic@163.com　电话：(010)83143500 http://www.forestry.gov.cn/lycb.html
经　　销	新华书店
印　　刷	北京中科印刷有限公司
版　　次	2020年10月第1版
印　　次	2024年12月第7次印刷
开　　本	710mm×1000mm　1/16
印　　张	13.75
字　　数	270千字
定　　价	43.00元

未经许可，不得以任何方式复制或抄袭本书之部分或全部内容。

版权所有　侵权必究

前 言

大自然是人类物质和精神的家园。人类从大自然中获取生活所需的各种物质以维持生存和发展，从大自然中获得丰富的科学知识，也从自然中获得文学和艺术创作的灵感。自然界的万事万物都与人类的生活密不可分。然而，人类现在的发展却在很大程度上破坏了大自然原本的美好和某种程度上的平衡关系。这种破坏也导致了一系列的自然灾害和环境问题，严重影响了人们的生产生活质量。

我们从这些环境问题的教训中学到了人类要与自然和谐共生。而和谐关系的建立需要一个过程。首先公众需要了解自然知识，其次才能懂得欣赏自然的神奇与壮美，进而产生敬畏和爱惜自然的情感，最终形成保护自然资源和自然环境的行为。那么如何才能让人们进入第一步，让公众了解大自然呢？答案是通过各种形式的自然教育活动。这些自然教育活动帮助人们接触大自然，并以轻松愉快的方式让他们熟悉自然事物，了解自然事物的发展规律，懂得自然资源和自然环境的重要意义。

要使自然教育活动以有效和有趣的方式开展，自然教育指导师起到了非常关键的作用。他们的素质和能力决定了自然教育效果的好坏。目前，我国的自然教育事业刚刚起步，自然教育指导师人才还比较缺乏。为了让更多的自然教育从业者能比较全面地掌握自然教育活动的知识和指导技能，本书对国内外自然教育相关领域的知识都进行了梳理。

本书以生态文明思想为指引，以各种自然科学和社会科学相关理论为基础，用通俗的语言尽可能全面地阐述了自然教育的理论和实践方法。书中注重理论与实践的结合，广泛收集了国内外相关案例，经过系统编排，让自然教育从业者能够比较充分地了解自然教育的概念和实施方法。书中大量的案例有助于让读者理解一些理论知识在实践中的应用，同时也了解世界上不同国家和地区自然教育行业的现状。

我国幅员辽阔，自然生态环境差异性很大。因此，书中自然教育活动的案例不能涉及所有的自然地域单元。但是，其中的一些原则和方法是有借鉴意义的。

读者可以根据自己所处的自然生态环境的特点灵活地使用本书。

虽然这是一本自然教育指导师手册,但是所有从事自然教育行业的工作人员,不论是管理者和一线工作人员都能从中受益。

感谢国家林业和草原局人才开发交流中心组织编写此书。感谢中国林业出版社对本书的出版提供的大力支持。

由于编者水平有限,文中难免有不足之处,敬请读者指正。

刘 艳
2020 年 9 月

目 录

前　言
开　篇 ··· 001

第 1 章　自然教育的概念与意义 ································ 005
1.1　自然教育的起源 ·· 006
1.2　自然教育的概念和内涵 ·· 010
1.3　自然教育的重要性 ·· 012
1.4　自然教育的意义 ·· 015
1.5　自然教育的原则 ·· 018
1.6　自然教育的方法 ·· 020
1.7　自然教育的合作要素 ·· 022

第 2 章　国外自然教育现状 ·· 029
2.1　日本的自然教育 ·· 030
2.2　美国的自然教育 ·· 036
2.3　英国的自然教育 ·· 042
2.4　澳大利亚的自然教育 ·· 047

第 3 章　自然教育指导师能力要求 ······························ 049
3.1　自然教育活动的规划能力 ····································· 050
3.2　自然教育活动运营管理能力 ·································· 058
3.3　自然教育活动指导能力 ·· 060
3.4　自然教育活动中的沟通交流能力 ···························· 062

3.5　自然教育指导师未来的努力方向 ………………………………… 068

第 4 章　自然教育项目设计 ……………………………………………… 071
　　4.1　自然教育项目和活动的关系与区别 ………………………………… 072
　　4.2　自然教育项目的组织构造 …………………………………………… 072
　　4.3　自然教育项目设计 …………………………………………………… 073
　　4.4　自然教育目的和目标 ………………………………………………… 075
　　4.5　自然教育项目的质量 ………………………………………………… 075
　　4.6　自然教育项目组织 …………………………………………………… 076
　　4.7　案例 …………………………………………………………………… 078

第 5 章　自然教育活动设计 ……………………………………………… 099
　　5.1　自然教育活动设计流程 ……………………………………………… 100
　　5.2　确定自然教育活动的主旨和目标 …………………………………… 100
　　5.3　预设在自然教育活动中可能发生的情况 …………………………… 103
　　5.4　关于自然教育活动的选择和创作 …………………………………… 103
　　5.5　自然教育活动过程中精神层面上的引导 …………………………… 123
　　5.6　自然教育活动过程中的后勤保障 …………………………………… 124

第 6 章　自然教育活动指导技巧 ………………………………………… 125
　　6.1　自然教育活动准备阶段 ……………………………………………… 126
　　6.2　自然教育活动开始阶段 ……………………………………………… 130
　　6.3　自然教育活动过程阶段 ……………………………………………… 136
　　6.4　自然教育回顾阶段 …………………………………………………… 144

第 7 章　自然解说 ………………………………………………………… 151
　　7.1　解说的定义 …………………………………………………………… 152
　　7.2　解说原则 ……………………………………………………………… 153

7.3 解说展示 ·· 179

第 8 章　自然笔记 ·································· 183
8.1 自然笔记的起源 ··································· 184
8.2 自然笔记的意义 ··································· 186
8.3 自然笔记的核心要素 ······························· 187
8.4 自然笔记的评价 ··································· 191

第 9 章　自然体验活动的安全管理 ····················· 199
9.1 风险管理的定义 ··································· 200
9.2 安全管理中风险意外的分类 ························· 200
9.3 风险意外发展过程 ································· 201
9.4 风险管理的流程 ··································· 202
9.5 评估和处理风险的方法 ····························· 203
9.6 安全管理的流程和策略 ····························· 204
9.7 心理安全 ··· 205
9.8 自然体验活动风险管控及管理表格 ··················· 205

参考文献 ··· 208
致谢 ··· 212

开 篇

　　2007年，党的十七大报告首次提出生态文明的概念，并明确了中国建设生态文明的基本目标：基本形成节约资源和保护生态环境的产业结构、增长方式、消费模式；循环经济形成较大规模，可再生能源比重显著上升；主要污染物排放得到有效控制，生态环境质量明显改善；生态文明观念在全社会牢固树立。

　　党的十八大以来，以习近平为核心的党中央将生态文明建设提到了前所未有的高度，把生态文明纳入"五位一体"总体布局和"四个全面"战略布局。党的十八大把生态文明建设从民生角度、系统性角度、国际视野角度提升到了更加重要的战略地位。十八届三中全会明确提出了让市场在资源配置中起决定性作用，进行包括生态文明在内的五位一体的体制改革和制度建设。任何一种文明形态都有着自己的制度支撑，把生态文明建设提升到制度建设层面，是生态文明水平提高的重要标志。同时，把"绿水青山就是金山银山"重要思想提升到系统论的高度，指出山水林田湖草是一个生命共同体。

　　习近平总书记在党的十九大报告中强调："人与自然是生命共同体，人类必须尊重自然、顺应自然、保护自然。人类只有遵循自然规律才能有效防止在利用自然上走弯路，人类对大自然的伤害最终会伤及人类自身，这是无法抗拒的规律。"同时习近平总书记提出要"坚定走生产发展、生活富裕、生态良好的文明发展道路，建设美丽中国，为人民创造良好生产生活环境，为全球生态安全做出贡献"。

　　这些都是对马克思生态理性思想最重要的当代发展。马克思、恩格斯早在100多年前就告诫过人类："我们不要过分沉醉于我们人类对自然界的胜利。对于每一次这样的胜利，自然界都对我们进行报复。"

　　为了实现人类文明的可持续发展，一种着眼于自然、人类发展双赢的新型文明形式——生态文明诞生了。生态文明是生产力发展到一定程度上，人类开始思考如何合理、理性、平衡、协调人与自然之间的关系。

　　生态文明是指人们在改造客观物质世界的过程中，积极改善和优化人与自然、人与人的关系，建设有序的生态运行机制和良好的生态环境所取得的物质、精神、制度方面成果的总和。生态文明以可持续发展为内核，以绿色发展、循环发展、低碳发展为新的发展方式，以尊重和维护生态环境为主旨，强调人与自然环境的共生。生态文明作为国家发展战略是由中国首先提出，其与马克思、恩格斯以自然视角观察人类社会的发展是一脉相承的，又与时俱进地推进且丰富了马克思、恩格斯的文明观。生态文明思想在中国经历了从萌芽到提出，再到日益完善的过程。

习近平总书记在不同场合都表达了生态文明建设的重要性以及建设美丽中国的愿景。例如，2019年8月19日，习近平致第一届国家公园论坛的贺信中，提到"生态文明建设对人类文明发展进步具有十分重大的意义。近年来，中国坚持绿水青山就是金山银山的理念，坚持山水林田湖草系统治理，实行了国家公园体制。中国实行国家公园体制，目的是保持自然生态系统的原真性和完整性，保护生物多样性，保护生态安全屏障，给子孙后代留下珍贵的自然资产。这是中国推进自然生态保护、建设美丽中国、促进人与自然和谐共生的一项重要举措。"

2019年4月，习近平在第二届"一带一路"国际合作高峰论坛开幕式上发表了重要讲话。他谈到中国同各方共建"一带一路"可持续城市联盟、绿色发展国际联盟，制定《"一带一路"绿色投资原则》，发起"关爱儿童、共享发展，促进可持续发展目标实现"合作倡议。习近平在讲话中强调"我们启动共建'一带一路'生态环保大数据服务平台，将继续实施绿色丝路使者计划，并同有关国家一道，实施'一带一路'应对气候变化南南合作计划。我们还将深化农业、卫生、减灾、水资源等领域合作，同联合国在发展领域加强合作，努力缩小发展差距"。

2017年1月，习近平在联合国日内瓦总部发表了题为《共同构建人类命运共同体》的主旨演讲。他在演讲中提到："到目前为止，地球是人类唯一赖以生存的家园，珍爱和呵护地球是人类的唯一选择。瑞士联邦大厦穹顶上刻着拉丁文铭文'人人为我，我为人人'。我们要为当代人着想，还要为子孙后代负责。工业化创造了前所未有的物质财富，也产生了难以弥补的生态创伤。我们不能吃祖宗饭、断子孙路，用破坏性方式搞发展。绿水青山就是金山银山。我们应该遵循天人合一、道法自然的理念，寻求永续发展之路。我们要倡导绿色、低碳、循环、可持续的生产生活方式，平衡推进2030年可持续发展议程，不断开拓生产发展、生活富裕、生态良好的文明发展道路。《巴黎协定》的达成是全球气候治理史上的里程碑。我们不能让这一成果付诸东流。各方要共同推动协定实施。中国将继续采取行动应对气候变化,百分之百承担自己的义务。"

习近平在国内外重要场合都表明了中国走可持续发展道路的决心和目标。虽然生态文明建设提出的时间不长,但它却是古老中华文化的传承。从最远的文化基础来说,生态文明的思想精髓既发源于道教自然观和生命观,即尊重一切自然、爱护一切生命的理性精神;也发源于孔子的中庸之道,即符合自然要求、不过度崇尚奢靡的合适生存思想;还发源于儒家仁学和墨家兼爱,即己所不欲、勿施于人,兼相爱的人与人、族与族、国与国的相互扶持、同生共存的理性精神。

沿袭中国古代贤者的智慧,着眼于人类的现实生存发展需要,习近平提出"良好生态环境是最公平的公共产品,是最普惠的民生福祉",将生态环境保护与民生福祉紧密结合起来,这是生态文明建设领域中国共产党"以人民为中心"发展理念的落实。人,是习近平生态文明思想的价值归宿。

与此同时,我们也要意识到人的发展必然受到自然条件的制约,生态环境关乎人的生存与发展。《马克思恩格斯全集》中写到"人来自于自然,也离不开自然,人靠自然界生活,人本身就是自然界的一部分"。人原本就存在并生长于自然之中,人的生存和发展都离不开其所生存的自然环境。良好的生态环境也是实现人的自由而全面发展的基础。一个完整的人是自然属性、社会属性和精神属性的统一,而人的生理身体是人的生存前提,是人的思维意识和实践活动的基础。如果任由生态环境恶化,人的身体机能将受到严重威胁,继而引发人的生存和发展危机。

习近平生态文明思想着眼于当前群众迫切的良好生态环境需求,重点解决生态民生中突出的环境问题,将生态环境纳入公共产品的范畴,以打造量足质优的生态公共产品为目标,保障人的生态权益,为人的自由而全面的发展奠定坚实的自然环境保障。2020年3月30日,习近平总书记15年后重到"两山论"的诞生地浙江安吉考察。他与村民们亲切交谈,了解该村多年来践行"绿水青山就是金山银山"理念、推动绿色发展发生的巨大变化。曾经的安吉余村,矿山、水泥厂遍布,虽然靠"卖石头"致了富,却破坏了山体、污染了水和空气,甚至还会发生矿山事故。2005年8月15日,时任浙江省委书记的习近平前往余村调研。他表示,余村关停矿山、水泥厂是高明之举,并在这里首次提出"绿水青山就是金山银山"。"两山论"的提出,为余村人吃下了定心丸,也指明了发展方向。如今的余村,不仅环境美,而且产业兴、百姓富。

不仅仅是浙江安吉的余村要实现美丽乡村的目标,全社会都要实现生态文明目标。要让全民理解生态文明的内涵和意义,养成生态文明行为,教育是最根本的手段。只有提升了全民的环境素养,才能将生态文明的理念渗透到社会的方方面面。全社会通过各种各样的自然教育活动,在公民心中种下了解自然、热爱自然、珍惜自然的种子,就能收获全社会生态文明高度发达的硕果。

因此,国家林业和草原局人才开发交流中心组织相关人员编撰了此书,以期为自然资源保护和开发相关领域的从业人员提供自然教育的技术指导。如果一线的自然教育工作者能更有效地指导自然教育体验活动,那么就能在全社会播下生态文明的健康种子,长出美丽中国的花朵。

第1章
自然教育的概念和意义

1.1 自然教育的起源

"自然教育"一词最早出现在法国教育家卢梭 1762 年出版的《爱弥儿》一书中。卢梭的教育思想被认为是现代教育的开端。换言之,自然教育在一定程度上是现代教育早期的产物。卢梭在《爱弥儿》的第一卷提到,人生来受到三种教育的影响,"这三种教育,我们或是受之于自然,或是受之于人,或是受之于事物。我们的才能和器官的内在的发展,是自然的教育;别人教我们如何利用这种发展,是人的教育;我们对影响我们的事物获得良好的经验,是事物的教育。"卢梭还提到"在这三种不同的教育中,自然的教育完全是不能由我们决定的,事物的教育只是在有些方面才能够由我们决定。只有人的教育才是我们能够真正地加以控制的",而"自然就是符合天性"。

在卢梭的思想基础上,又出现了很多教育家,如康美纽斯、裴斯塔洛齐、福禄贝尔等,他们用自己的教育经历和思想研究,进行长期的教育实践和试验,在一定程度上发展和深化了自然教育。他们提出教育应该适应自然,应该顺从儿童本性的发展顺序来进行教育;要重视通过感官来学习、通过实物来教育,让儿童在体验中形成清晰逻辑思维,在体验中获得知识。其中,福禄贝尔在其著作《人的教育》中,特别强调了游戏对儿童成长发展的重要性。康美纽斯是一位强烈支持感官学习的教育家。他深信儿童对于其所要学习的事物,应该是实物经验先于书籍阅读。他认为让儿童通往大自然的途径是感官的运用,即视觉、听觉、味觉和触觉的作用。为了准备日后开展自然科学的学习和研究,儿童应该首先实地接触水、土、雨、植物、动物和岩石等大自然的物质。裴斯塔洛齐也是主张善用直接、第一手经验,以及实物学习的人。他不只教读、写、算,还教学生实用技术,如耕种、理财、纺织和编织。他在自己瑞士的庄园中开办学校,在校园内进行自然研究和地理教学。他认为孩子们会根据早期的学习,慢慢形成、归纳出人生的原则。裴斯塔洛齐是卢梭的追随者,他鼓励老师带着学生走出教室:"带着孩子们走向大自然,在山巅、山谷间教导他们。因为在自然中,孩子们可以听得更清晰,自由的感觉提供孩子们克服困难的力量。"

"在做中学"的教育理念对自然教育起到了巨大的推动作用。怀特海在《教育的目的》中强调,学习的乐趣和第一手经验主要来自于实践参与。他在教学生数学问题时，让学生先勘察一块地，量出尺寸，然后计算面积。

教育家杜威曾在芝加哥大学办的露营学校中担任行政人员。在他任职期间，提出了两个重要的观点。第一，为了达成交易的目的，我们不应该忽视直接亲近、深入大自然的机会；第二，为了提供知识，提出的课程计划无法取代实际在田里以及花园和植物、动物的生活经历。杜威深信每所学校都应该是浸入在艺术、历史和科学中的小型社区。学校最理想的状态应该是：孩子们将生活延伸到大自然。他们去花园、田野和森林中远足、聊天，而辽阔的自然世界为他们而展开。杜威主张在课程中涵盖各种实践，教育者应该懂得利用孩子所处的环境，包括物理的、自然的和社会的，让孩子们得到意义重大的学习经验。杜威在其著作《学校与社会》中倡导，教育应该是要以儿童为中心、以经验为中心，还要以活动为中心。早期提出来的自然教育其实是本能教育，强调了人生来所具有的才能和器官，而"教育"二字，是对前者的激发和适当的引导。值得注意的是，本能教育应当放之于自然，因为孩子们在自然中才能释放天性。

克伯屈在《变化中的文明应有的教育》中强调，我们思考需要什么样的学校时，可以想到三件事情。第一，它必须是一所生活的学校，教真实的生活经验；第二，它必须是让孩子处处主动的处所，并由孩子所想做的事主导学习的过程；第三，在那里的老师必须了解，只有可以导向永远扩展、实际掌控的成长，才能称之为成长。克伯屈相信经验包括主动方面和被动方面，而在教与学的过程中，主动、被动两面都能带来好处，但是一个人只有在主动的经验中才能获得极致的生活。他也鼓励新学校提供这类充满主动经验的活动，因为这类活动本身既可视为目的，同时也可以作为一种手段。克伯屈提出一个新的课程观，他认为，课程由学校活动经验组成，它应具备不断重建经验的功效。在旧的课程中，学生被动地接受学科内容，而新课程则要求学生活用他现有经验，在做中找出更好的办法。他也相信，当老师与学生一起投入解决问题时，学校教育的功效才能发挥到极致。克伯屈认为学习会产生三个法则。第一，对于所学，我们必须有实践经验；第二，并非所有的实践经验都让我们学到东西，只有成功的实践经验可以让我们学有所获；第三，在社会情境中获得真实的经验是使学习发生的条件之一，因为真正期望的学习是能学有所用的。

现代自然教育观念最早源于19世纪后期欧洲的斯堪的纳维亚半岛。它作为一种教育模式引导人们直接在户外环境中开展自然学习体验的过程。此后，随着各国工业化进程的快速发展，导致严重的资源消耗和环境污染等问题，从而促进了一系列的环境保护和教育的政策导向。其中，1920年苏格兰规划师帕特里克·戈德斯将"环境""教育"这两词首次并列使用。

虽然自然教育起源于西方，但事实上，我国传统文化中很早就有关于关爱自然环境的哲学思想。春秋时期哲学家老子在《道德经》中就提出："人法地，地法天，天法道，道法自然。"所谓"天"并非指神仙，而是"自然"。老子所说的"法"不是指法则、律法，而是效法、遵守、遵循的意思。"道法自然"就是说万事万物的运行都是遵守自然规律的，任何自然在本质上是相通的，所以，一切人和事都要遵循自然规律，达到人与自然和谐相处。老子思想基本上是以生命为核心，对生命的终极关怀是实现生命圆满的存在意义与价值。从宇宙与大自然法则的终极关怀——道，扩充到人类生活与处事的方式——德。老子通过观察自然界万物的时序交替和自然界永恒不变的运行规律，体会出道的真谛。

我国古代另一部典籍《易经》是中国人文文化的基础。《易经》建立在三才之道上，所谓三才，指天、地、人三者的一体性，而三才之道则是指天道、地道与人道的一体性。也就是人类所面对的处境是包括了宇宙、地球生物界与人群三者。而这三者的运行之道，因其彼此内在结构上的一体性，可以互相汇通。在古人看来，自然界是有道德属性的，人们可以从中引出人道、引出社会道德观念，把它作为处理人与人之间关系的行为准则，并返回到自然界，作为处理人与万物关系的道德准则。《周易》中有"天行健，君子以自强不息"和"地势坤，君子以厚德载物"的说法，认为君子的自强不息和厚德载物的道德精神来自天地自然。《易经》中的"天地人合一"的思想，也属于生态思想。它强调天地人的关系中要按照自然规律办事，顺应自然，谋求天地人的和谐。当然，人不是消极的顺应自然，而是在遵从自然规律的条件下采取积极的态度。《中庸》中提到："致中和，天地位焉，万物育焉"，这句话的意思就是宇宙、人生的大团圆、大和谐、大繁荣即是"中和""天人合一"的境界。《中庸》还有一段话是专门表述如何"致中和"的："唯天下至诚为能尽其性。能尽其性，则能尽人之性。能尽人之性，则能尽物之性。能尽物之性，则可以赞天地之化育。可以赞天地之化育，则可以与天地参矣。"这是说，天下万物各得其所，即各得其自然而然，各得其自由自在，这是自然的目的，这是天道；人道应当体现天道，应当担当天命；人自身也应当"尽人之性"，同时又能"尽物之性"；人能做到这一切，便是对"天地之化育"及其规律的发现、尊崇、尊从与唱颂；"赞天地之化育"会导致这样的局面：人道彻底体现天道，天性完全实现天命，人也由此而得以提升到天地的代言人这一崇高地位,从而与天地并列为三,"可以与天地参矣"。从周代起,经前秦至明清,历经三千多年,这种天地人合一的思想成为代表中国哲学基调的思想。由此可见,天地人合一有比较深刻的人类生态思想的萌芽,即人是天地生成的,他们是共生共处的关系,当然应该和谐相处。这种人类最早的生态思想和实践,其精华部分已经融入中华文化,并成为一种传统观念传承至今。

中国哲学思想中的人与自然和谐发展影响着中国几千年的社会发展。但是,随着近年来中国经济的高速发展,城市化进程不断加快,人们与大自然之间的联系也在慢慢疏远。这种现象,不仅仅只是发生在中国,世界上很多国家和地区都有类似的情况。2005年,理查德·洛夫写了一本畅销书《林间最后的小孩:拯救自然缺失症儿童》。此书一经推出,就在全社会引发了一系列轰动效应。在书中,理查·洛夫提到了一个术语:自然缺失症(nature-deficit disorder)。"自然缺失症"并非是真正的疾病,而是指如今的青少年缺少到自然环境中活动的时间和机会,从而导致心里产生孤独、无聊的感受。缺少户外活动,会导致孩子肥胖、注意力不集中等问题。而长时间的户外玩耍,被证明对孩子的同理心、社交和沟通技巧、独立性和自我调节、平衡能力、身体协调、深度感知能力都非常有益。据研究人员调查发现,相比于没有受过自然教育的青少年,受过自然教育的青少年在学习能力、语言能力、行为能力、自信心、创造力等方面的表现都更为优异。自然教育能为其培养面向一生的优质生存能力,培养生活的强者。因此,对孩子而言,自然教育是受益终身的教育。

自然教育对少年儿童的发展如此重要,少年儿童是国家未来建设的栋梁,所以我国要积极发展这项事业。事实上,我国也有发展这项事业的良好条件。我国地域辽阔,生态资源和自然景观非常丰富,各级各类的保护地中有很多科普基地,为自然教育事业的发展提供了环境保障。我国的风景名胜区设立之初就定义为"具有观赏、文化或者科学价值,自然景观、人文景观比较集中,环境优美,可供人们进行游览或者进行科学、文化活动的区域",其所特有的自然资源禀赋、文化内涵承载了青少年自然体验和科普教育的重要意义。

现在也有越来越多的单位、机构和组织开始行动鼓励儿童和青少年走进大自然,感受祖国领土辽阔,领略祖国大美山河,培养青少年良好的体魄和综合素养。

我国的自然教育事业虽然起步比较晚,但是发展势头迅猛。从2014年至今,自然教育界的人士每年都会举办全国自然教育论坛。通过这个论坛,全国从事自然教育事业的伙伴们都会汇聚一堂，与国内外专家、从业者相互交流。而在2014年第一次全国自然教育论坛上，就总结了我国自然教育的三个目标：①重建青少年与自然的联接，促进青少年身心健康发展，在自然中健康、快乐地成长；②为了自然和人类的可持续发展，鼓励青少年参与到保护自然和促进社区可持续发展的实际行动当中去；③积极培养自然解说员，鼓励公众持续性参与自然生态保护中来，投身于环境保护行动。

1.2　自然教育的概念和内涵

自然教育（natural education）是基于人们对于自然生态的体验及价值观念，引导公众尊重并保护自然。自然教育注重人与自然、人与社会及人与自我这三者关系的相互提升及构建。一般开展自然教育的场所要具备独特的自然生态或文化要素特征，并且可以为学习者提供相应内容的自然教育功能，如教育及展示、建筑及配套设施等。借助这些功能开展的项目活动可以使公众不仅可以掌握一些环境知识与技能，还能切身体会到自然生态环境的重要性以及保护资源的意义，从而提升人和自然之间可持续发展的必要性和重要性。自然教育在演变过程中，也越来越侧重于"自然"环境。自然教育的主要目的是以自然情感体验为核心，促进人们认识、接触和探索自然。

北京北研大自然教育科技研究院对自然教育做出了定义：自然教育是以自然环境为背景，以人类为媒介，利用科学有效的方法，使儿童融入大自然，通过系统的手段，实现儿童对自然信息的有效采集、整理、编织，形成社会生活有效逻辑思维的教育过程。真实有效的自然教育，应当遵循"融入、系统、平衡"的三大法则。从教育形式上说，自然教育是以自然为师的教育形式，人只是作为媒介存在。但该定义狭隘之处是将自然教育局限于"儿童"。而在我国的自然教育思想中，并没有对教育对象的明确定位，这就意味着儿童和成人是一样的，都是教育的对象。

目前，自然教育的定义始终有些混乱，且缺少官方定义。现在国内自然教育行业普遍接受的"自然教育"有四个特点：在自然中的教育、关于自然的教育、为了自然的教育、自然而然的教育。在自然中的教育，即以自然环境作为背景和活动场所；关于自然的教育，即自然教育的内容应当是关于自然事物的内容；为了自然的教育，即自然教育的目的是保护自然环境；自然而然的教育，即自然教育应当顺应人的天性。

狭义来讲，自然教育是基于自然的教育，依照儿童发展心理及成长规律遵从儿童天性，释放和激发儿童的创造力，培育具有独立人格、独立思考能力，并且可以在群体中理解合作，参与协同活动的"自然人"。自然教育通常是指人通过在森林、山地等自然环境中的学习，增强自我认知并习得和发展社交、品格和技能。其学习课题往往是多领域、跨学科的，如探究森林在社会中的角色，荒野如何支持复杂的生态系统，对特定植物、动物的认知，探究自然界以及自然规律，自然界与人类社会的互动，以及探究我们人类在宇宙空间中的方位等。

探索自然的秘密，让大家进入自然，通过自然观察，愉快地连接自然，传递热爱大自然与保护环境的爱的教育，就是自然教育的真谛。正确的自然教育应该是建立在尊重儿童精神生活需求的基础上，让孩子了解真实的自然，并让其思考自然的奥秘，理解自然并从中体验生活，这样有助于孩子思想的发挥，激发儿童对自然和人的热爱。

自然教育活动是指在自然中，利用自然举行的各种活动，包括下列综合活动：如露营、徒步、滑雪、独木舟等运动型的野外活动；动植物和星空观察等自然、环境学习活动；使用自然物的手工，在自然中听音乐会等文化、艺术类活动。

自然教育不是不切实际、远离生活的假想、间接的世界，而是与真正的自然环境直接接触，亲自感受和体验，是在自然中自身进行的直接体验和身体运动。目前在世界上很多国家和地区，自然教育的开展已经相当成熟，建立了自然教育中心、环境学习中心、生态农场、自然学校、环境教育中心等。

通过参加自然教育活动，参与者能感受到"活着"的喜悦、快乐和充实感。自然体验能培养参与者的身心健康发展。因为在自然教育活动中，参与者能从"自然环境""他人"和"活动"中接受多样的刺激，使得他们掌握基本常识、基础知识，会主动去发现课题，还能自我学习，自我思考，主动去判断、行动，因此具备更好解决问题的能力和素质。同时，在自律的同时，参与者能和他人合作，产生同理心和感动的心。各种户外活动还能提升参与者的健康状况和使他们具备充沛的体力。

1.3 自然教育的重要性

越来越多的国内外证据表明，与自然的直接接触有益于儿童的身心健康。自然会调动人类所有的感官，而感觉是儿童自我防卫的第一道防线。多接触自然的儿童，能直接地看到这个世界。他们可能更多地发展心理技能。这些技能能帮助他们发现真正的危险。因此，他们也可以在今后的人生中区分真正的危险和虚假的危险。在自然中也可以培养孩子本能的自信。最新研究表明，直接接触自然对于注意力缺失、多动症、儿童抑郁症、压力管理都有治疗的功能，对认知能力也有改善。

经常参与自然体验活动的孩子有以下特征：

(1) 有问题解决能力、课题发现能力和丰富的人性

英国博物学家、教育家托马斯·赫胥黎说过，"一个对博物学一无所知的人，漫步在乡村和海边，就如同一个无知的人走在艺术展览馆里，虽然艺术品琳琅满目，他看到的只不过是一面墙"。在自然中体验是一种学习或者关注的方式。只有当你真正做某件事，而不是仅仅琢磨它该如何做的时候，你才更容易集中注意力。日本很多巨匠的养成，都是因为童年与大自然的奇妙体验丰富了他们的人生。日本诺贝尔文学奖得主大江健三郎在他刚满十岁的时候通过对雨后柿树叶片上雨滴的观察，写了一首诗："雨水的水滴上，映照出外面的净色。水滴之中，另有一个世界。"而这首诗，正是他开始文学创作的出发点。他曾说："我借助那微微颤动着的柿树叶片，发现了围拥着峡谷的那座森林的整体状态。如果我总是不去细加观察，它们便都是一些死物。因此，我现在无法不去注视那些树木和小草。"建筑界"诺贝尔奖"普利兹克奖得主伊东丰雄在《作为变样体的建筑》一文中讲到了他小时候观察蜻蜓的感受。他上小学时，有一段时间热衷于在湖边观察蜻蜓，尤其是观察蜻蜓幼虫蜕变的过程。他在书中写道："从乳白的柔软固体一瞬间长成带有明确轮廓与色彩的固体这个过程，对于孩子的心灵与其说是一个惊奇的发现，不如说是一种无比感动的体验。"伊东丰雄在世界许多地方的建筑设计中，风格多具有轻盈、通透的特点。一栋栋精美的建筑艺术品，有的外观如同透明的羽翼在阳光下伸展，有的如笼罩薄纱似雾般充满梦幻。而童年时那新奇的体验，无疑成为他众多创作的源泉。

（2）较强的生存能力

20世纪90年代末，耶鲁大学的史蒂芬·克勒特，开展了一项针对十几岁青少年参加三个精心组织的野外教育项目（"学生自然保护协会""国家户外领袖学校""拓展训练"）后所受长期性影响的综合研究。克勒特在研究报告中指出，超过72%的参与者称这种户外体验是他们人生中最精彩的一部分。克勒特说："今天的青少年，常常被提醒他们对自己的社会性和技术性的复杂生活几乎没有什么控制权。学会对付野外生存和使用户外设施加强了他们的情感和意识的成长。这些影响包括提高自信、自尊、乐观、独立和自治。"塞拉俱乐部的执行主任迈克尔·布龙说，"通过我们的户外活动，我们目睹了害羞的孩子因爬山获得自信而逐步成长为领导者，我们看到孩子们从日常的压力中解放出来，参加夏令营的愉快神情。但是，能享受到户外活动的孩子很少。"

（3）对体力有自信

据调查，2/3的美国孩子达不到基本的身体素质测试要求：6~7岁的孩子中，有40%的男生、70%的女生最多只能做一个引体向上。根据美国总统体制与运动顾问委员会的报道，还有40%的人过早地表现出心肺功能问题。这些都跟美国孩子偏胖有关。在中国，也有越来越多的肥胖儿童。参与自然体验活动，能让孩子们在大自然中活动筋骨、锻炼四肢、增强体力。让孩子们在大自然中接触自然元素，在其中玩耍、探索，可以明显地促进孩子们身体平衡和协调身体不同部分的运动能力。与传统儿童娱乐模式相比，接受过自然教育的儿童身体机能、动作协调性、创造力会有一定的提高，而且，孩子在自然环境中玩耍更轻松、更喜欢奔跑，在一定程度上可减少儿童的肥胖症。推动2020《美国户外法案》的国会议员罗恩·金德（Ron Kind）说，"现在的孩子们花费在户外的时间比历史上任何一代人都少，孩子的肥胖问题已经给我们敲响了警钟，为了应对这个突出的问题，我们应该鼓励孩子们养成健康的生活方式，参与更多的户外活动。我们致力于为每一个家庭提供亲近自然的机会和途径。"美国户外活动委员会主席森·尤德尔（Sen Udall）说："我和同事Ron Kind一起推行美国户外法令，致力于帮助美国人，特别是孩子们参与到健康积极的户外活动。现在的孩子在户外的时间远远少于他们的父母，美国三分之一的孩子超重或者肥胖，一半以上的孩子缺乏维生素D，压力、焦虑和抑郁等症状在年轻人群中逐步增长。我们也希望这个法案能上升到国际层面，世界各国能从国民健康的角度去制定类似的计划。"

目前，中国孩子们的情况也跟美国类似，很少有机会亲近自然。由于升学压力较大，孩子们的课余时间几乎都被各类辅导班占据，甚至寒暑假还没有开始，假期的所有时间就都已经被辅导班提前订满。孩子们在不同的辅导班辗转，学校作业加上辅导班的作业，压得他们喘不过气来，根本没有时间看一眼大自然，更不用说去大自然中轻松自在的玩耍。

(4) 关心环境问题

罗伯特·迈克·派尔曾经说过："对一个连鹩鹩都没有见过的孩子来说，加州神鹫的灭绝会有什么意义？"很多环保主义者和博物学者的童年充满了激励年幼的他们爱护自然的故事，这些往事成为他们后来参与自然保护的动力。而自然保护不能只依赖于自然保护机构的组织力；它还取决于年轻人和自然关系的质量，即取决于年轻人怎样看待自然，或者是否热爱自然。如果对一方水土没有深深的眷恋，一个成年人也会感到迷失。而对一方水土的眷恋不仅有益于孩子，也有益于这片土地。

索贝尔在《超越生态恐惧症：在自然教育中重拾心灵》一书中指出，如果我们在课堂上大肆渲染对自然的破坏，也许会造成一种微妙的疏远。在我们一心想要孩子们了解这个世界并让他们承担责任的时候，反而有可能从根源上切断他们与自然的联系，使其产生"生态恐惧症"，把自然与恐惧、灾难等联系在一起。而通过自然教育，不仅可以重塑人与自然的联系，让人们在自然中寻找欢乐与惊奇，发现自然之美，还能从自然体验中寻找到自信与勇气，克服生态恐惧症，重拾心灵，激发出人们无限的想象力和创造力。

要让人们热爱和关心自然环境，首先就要让他们走进大自然，感受大自然的清新与神奇，了解人类生活的一切都源于自然，人类未来的发展也取决于自然环境的变化。通过自然教育，建立自然与人类之间的桥梁，让人们通过掌握自然知识、欣赏自然美景、感受自然力量，懂得自然环境的重要性，从而形成敬畏和尊重大自然的情感，养成环境友好的行为习惯。

(5) 擅长较多科目

孩子们在自然中可以开发他们的感觉器官，培养他们的学习能力和创造力。梵高曾经说过"人应该去倾听的不是画家的语言，而是自然的语言……对事物本身的真实感受，要比对画作的感受重要得多。"约翰·杜威提倡学生应该深入当地环境，他在《学校与社会》一书中曾经写到："学校之外的体验包括地理、艺术、文学、科学以及历史各个方面的因素。所有的研究都源自一片土地，以及根植于这片土地上的生命的方方面面。"

自然环境中包涵很多科学知识，是人类知识积累的来源。孩子们对自然的体验和实践，能建立起学习科学知识的经验积累，从而使他们更容易地理解各科知识内容和结构。缺少自然经验的孩子很难理解课本知识中相关概念和情感寄托。

1.4 自然教育的意义

100年前，杜威说过，对孩童时代简洁经验的推崇会让人的生命失去个性的危险。而通过体验某一件事情，学习到的肯定不仅仅是这件事情本身。在自然体验活动中，参与者们将体验到的东西一起分享，珍惜在这个过程中意识到的东西，因为有一起体验分享的伙伴能让学习更加深入，同时，把体验的收获运用到下一个行动中去。使用传统知识传授式的学习方法时，老师们将各种知识直接灌输给学生，学生只要能够背诵和记忆即可。正如"授之以鱼"，直接把鱼给想要鱼的人。而体验学习，则是让参与者在实际生活和观察中，探究事物发生、发展的原由和规律，寻找相关的材料验证自己的猜测和假设，归纳出这些经验的规律，从而获得新的知识，正如"授之以渔"，即教会人们钓鱼的方法，如图1-1所示。

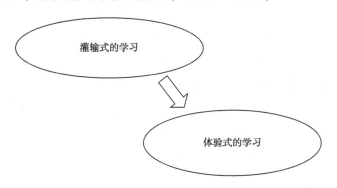

图1-1　不同学习方法的比较

以前教育培养的是"知""德""体"的人才，而现在强调培养孩子的"学习能力"和"生存能力"。扎实的学习能力包括掌握基础、基本的常识，不管社会怎么变化，都能找到自己的课题、自主判断、行动、更好的解决问题的素质和能力。生存能力包括"丰富的人性"和"健康和体力"。"丰富的人性"是指在自律的同时，强调与他人共处、对他人的同理心和感恩之心。"健康和体力"是指要学会身心健康地坚强生活着。

(1) 培养做事情的主动性——提高进取心

当孩子们主动去大自然探索时，发现大自然的神奇之处能促进孩子们更加主动的去了解更多的知识。研究人员发现，残障儿童在他们参与的野营经历中加强了体态和举止上的进步。研究人员通过对15个包含专门针对残障儿童（学习能力障碍、自闭症、感知障碍、轻重度认知障碍、身体残疾、外创性大脑受损）的宿营式夏令营项目进行研究后发现，参加这些项目的孩子们在主动性和自我引导方面都有所提高，这些能力也带到了他们的家庭和校园生活当中。

(2) 培养自信——提高自我认同感

自然教育非常强调平等性，每个参与者都能在大自然中找到自己发现的秘密。位于马萨诸塞州威尔斯利的"少年儿童发展机构疗养花园"赢得了美国景观建筑师协会颁发的总统优秀奖。1999年，协会主席萨巴斯蒂安·桑托斯提法诺在接收美国在线专业杂志《马萨诸塞州心理学家》采访时，阐述了他对自然治愈心理的看法。他指出"无论是在河边还是小路上，户外活动就是还学习的过程"。"面对小山丘或堤坝，在治疗阶段的孩子会认为这是一个坟墓，而另外有孩子则认为是孕妇的肚子。""这很明显，儿童和自然能够互动，他们赋予每个自然景观不同的意义，即使相同的事物也会有众多不同的解释，而通常所玩的木偶或其他游戏都有局限性。警察木偶同时是一个警察，儿童很少会将它看作别的。而自然景观所蕴含的意义则更为广泛，儿童可以用多种方式去阐释这些景观。"每个孩子眼中的大自然都有他们自己的观察和理解。

(3) 培养忍耐力和责任感——提高自强自立的能力

那些童年时期在自然的挑战下成长起来的人，可能会变得更坚强。因为自然环境比任何运动场地都复杂得多。自然提供规则，也存在危险，并且它是微妙地传递所有的信息。自然教育的团队活动中，每个孩子的任务对完成团队的目标都十分重要，因此，孩子们在这个过程中学会担当责任，尽力不拖后腿，这也是自然教育的目标。

(4) 交朋友——提高包容感和凝聚力

在一起完成自然教育任务的过程中，参与者互相扶持、互相关照，大家一步步完成目标。在此过程中，参与者要学会与团队成员良好沟通以促成任务完成。这个过程能让孩子们交到更多的朋友。过去几十年的研究证明，探险疗法的参与者在自尊心、领导才能、学术水平、个人魅力、人际关系等方面都有所收获。在自然体验中当他们通过自己的亲身参与获得自然知识和野外生存技能，他们就会有成就感。而这些成就感是因为和他人合作而获得的，他们在这个过程中获得发展各种人际关系的能力，包括加强合作、容忍、同情、亲密和友谊。这些积极正面的结果可以持续很多年。

（5）自我判断能力——提高自我决定能力

对自然的观察，能验证自己以前对自然事物的假设是否真实，通过科学和实际观察得到真实的结果，增加自我决断能力。即便观察的结果与自己以前的假设不相符也没有关系，因为参与者可以发现自己哪个方面的知识不足。参与者可以通过自然教育活动，不断储备科学知识，提高观察和发现新事物的能力。通过自己的感官获得实践经验知识，然后做出推断和决策是提升个人自我决定能力的最好锻炼。

（6）对自然意识的提升——提高对自然环境的理性认识

通过对大自然真实的观察，了解了大自然事物之间的物质和能量循环关系，就能理解自然的神奇和伟大之处。

北卡罗来纳州立大学教授罗宾·摩尔认为：孩子们通过感觉来生活。感官体验将孩子们内心深藏的情感世界与外界联系起来。自然环境是感官刺激的主要来源。因此，有时间、有地方感知世界，自由自在地在户外环境中探索和玩耍，对于儿童内心生活的健康发展是至关重要的。这种自我驱动，自主的互动就是我们所说的自有游戏。孩子们各自通过和周围环境的互动、激发自身潜能以及重新建立人类文明概念的方式来考验自己。环境的内容在这一过程中是一个关键因素。一个丰富的、开发的环境会持续地为富有创造性的参与提供更多选择，而死板的、乏味的环境将限制个人或团体的健康成长和发展。

（7）提高注意力

自然体验在孩子们提高注意力上尤其有效。因为自然教育活动是一种学习或者关注的方式。只有当人真正做某件事，而不是仅仅琢磨它该如何做的时候，才更容易集中注意力。美国密歇根大学的环境心理学家史蒂芬·卡普兰和蕾切尔·卡普兰早在20世纪70年代为美国林务局进行了一项为期9年的研究。他们对参加一项名为"走向户外"的荒野探险活动进行了研究。这个活动中，参与者要在野外生活两周。在活动期间和活动结束后，参与者们说他们体会到了一种宁静感和更清晰的思考力。虽然这项荒野活动以攀岩等对体力有很大挑战的活动知名，但是参与者表示，仅仅是待在自然中比参加攀岩等活动更能促使注意力的恢复。

随后的一些研究成果支持了卡普兰夫妇的注意力恢复理论。所以，参加自然教育活动有助于提高参与者的注意力。

(8) 培养创造性

艺术评论家伯纳德·贝伦森认为创造力是"伴随着孩童时代的自然天赋及灵性空间"一起产生的。心理学家罗宾·摩尔也认为自然环境对孩子的健康成长至关重要，因为自然环境会刺激所有感官，将休闲玩耍和正当的学习结合起来。摩尔认为，在自然中运用多种感官的经历，有助于构建"使智力持续发展所必需的认知体系"，并且通过给孩子们提供自由空间和要素来激发想象力。然而，现实是孩子们越来越少的与大自然接触。温德尔·贝里说过："我们的孩子再不能格物致知，了解自然这部巨著，再不能从四季流转的星球获得创造力；他们不知道水来自何方又流向何处。我们人类不再以欢庆的形式礼拜自然。"

1.5　自然教育的原则

美国自然教育学家约瑟夫·康奈尔在《与孩子共享自然》一书中，提出了自然教育优质教学的五个原则。这些原则，能让自然体验指导师帮助参与者更有趣和更有效地体验大自然。

(1) 原则一：少说教，多分享

对于成年人来说，能和孩子分享内心世界是非常重要的，只有通过分享深层的思想和情感，才能在交流过程中激发孩子对于地球的热爱和崇敬之心。当自然体验指导师把自己的想法和感受与孩子们分享时，他们就会得到鼓舞，就会探求自己的感受与见解，进而在成人与孩子之间建立起美妙的信任与友情。

(2) 原则二：接纳

接纳意味着倾听与了解。每个问题，每种讨论，每次快乐的感叹，都是师生沟通的良机。对孩子当时的心情和感受做出回应，顺着孩子们的好奇心培养他们的兴趣。你会发觉，一旦尊重孩子的想法，你们之间的相处就会变得轻松而愉快。自然体验活动会激发孩子的热情，这时指导师就可以巧妙地把孩子的热情引向学习。身处大自然，觉察其中，总会有令人兴奋或有趣的事。如果指导师足够敏锐,课程计划就会随着自然的变化浑然天成。

(3)原则三:尽快集中孩子的注意力

自然教育活动的开场就要尽快营造出合适的游戏气氛,通过提问、指点有趣的景象或声音,尽可能地让每个人参与进来。有些孩子不习惯在近距离观察自然,所以指导师得找到他们的兴趣点,一点一点地引导他们集中精力观察自然(图1-2),同时还要让孩子们感受到他们的发现让你觉得很有意思。

(4)原则四:观察、体验,然后说出感受

有时候自然界的一些现象会令孩子们全神贯注,如一只枯叶蝶正在起飞,一只麋鹿正在吃草等。即使没有这些特别的现象,孩子们也能通过细致的观察化平凡为神奇。总之,孩子们对他们所观察到的东西有种不可思议的专注力,也有种神奇能力,能吸纳他们看到的一切。与环境互相融合的亲身体验,远比听二手演讲更能给孩子们带来深入的理解,孩子们也很难忘记这种直接体验。

图1-2 小朋友在湖南省长沙市洋湖湿地公园观察树皮

看一看,问一问,猜一猜。当孩子们开始与自然有了共鸣,指导师和孩子们的关系就由师生变成了共同探索自然的伙伴了。

(5)原则五:教学中充满欢乐

无论是欢呼雀跃,还是安静的体验,快乐都不可缺少。如果指导师能一直保持快乐的心态并充满热情,孩子自然就会被吸引。因为,指导师的热情是最富感染力的，这就是作为老师最大的财富。

1.6 自然教育的方法

自然性是儿童的根本属性，自然是培育根性的土壤，自然教育是尊重儿童无拘束和天性的教育。自然教育的目标是培养社会状态下的自然人，即感性丰富和用理性约束自我的人，并具有自由平等的精神和高尚的道德品质。

1.6.1 自由教育

自由是大自然赋予孩子的最大权利，享受自由是孩子的天性。卢梭所说儿童天性中就包含自由。它呼唤保护儿童的纯真，让儿童自由挖掘、发展个性，因材施教，让儿童自然发展，不要强行灌输不属于他的世界观、人生观、价值观。兴趣是最好的老师，自由教育能够快速发现儿童的兴趣所在，这有利于他们学习。自然教育不仅传授知识，而且注重培养孩子的道德品质。学会做人就是获得作为一个人相应的道德品质，获得内在的自由，做自己意志的主人。

1.6.2 体验自然

体验式教学是指根据学生的认知特点和规律，通过创造实际或重复经历的情境和机会，呈现或再现、还原教学内容，使学生在亲历的过程中理解并建构知识、发展能力、产生情感、生成意义的教学观和教学形式，它包括行为体验和内心体验两个层面。体验式教学以人的生命发展为依据，尊重生命、关怀生命、拓展生命、提升生命，蕴含着高度的生命价值与意义。它所关心的不仅是人可以经由教学而获得多少知识、认识多少事物，还在于人的生命意义可以经由教学而获得彰显和扩展。这种教学方法要求实践主题用心去体验和感悟，在体验中把教育要求内化为品质，外显为行为。自然教育就是让人走进自然、融入自然，进而感恩并协调自我与自然的关系。

城市化的进程让儿童远离自然，缺乏对自然的认识会有诸多不良影响。斯宾塞在《斯宾塞的快乐教育》一书中提出："教育的目的是希望有一天能够不教"，而达到这一目的的有效途径就是让他们去实践。他们应该学习理论知识，也应该在实践中丰富理论知识，儿童直接感受自然界的轮回，让他们在自然中奔跑、游戏，去感受自然界的色彩、枝干、纹理、啼鸣、生死。这样会锻炼儿童的观察能力和分析能力，培养儿童自主学习和自我教育的能力，形成独立思考的习惯。

自然教育课程要以学生为主体，并以生活经验为重心，培养社会主义接班人所需的基本能力。所以其课程设计要涵盖个体发展、社会文化及自然环境等三个面向。日本的自然教育也是以体验为中心的学习方式，成为补充普通学校教育里所没有的教育功能的"另一种教育"的关键。通过 DO(做)→LOOK(看)→THINK(想)→GROW(成长)→DO(行动)这样一个体验学习的循环过程，使体验和学习联系在了一起。好的自然体验活动课程，可以让孩子们在体验提升思考能力、想象力、创造力、行动能力等。

1.6.3 探究式教学法

探究式教学法是一种独具特色的教学方法，它以培养学生探究性思维方法为目标，教师在学生学习概念或原理时，给他们一些事实(事例)和问题，让学生自己阅读材料，独立探究，自行去发现问题、分析问题和解决问题，从而获得知识并培养发明创造能力的一种方法。在教学过程中，教师不要把现成的知识教给学生，而应在概念领域内，充分利用新奇、怀疑、困难、矛盾等引起学生的思维冲突，促使学生自己动脑，去发现探索，对所发现问题和探索的结论由学生自己去做，教师不能包办代替。此种教学方法使教师角色发生根本转变，教师的作用只是提供一个可供学生探究的情景，而不是事先准备齐全的知识。

探究式教学法要求教师在教学过程中要加强对学生科学方法论教育和学生探究能力培养，重视在教师指导下学生自由研究和自我评价，使学生掌握科学问题的提出、假设、验证，科学结果的归纳、分析与评价等科学过程，把探究作为对学生进行科学认知过程和科学方法教育的一个重要手段和途径。采用这种教学方法，目的在于尽量发展学生认知的可能性，发展他们对要掌握知识的探讨和创造精神。其基本的、典型的学习过程如图 1-3 所示。

探究式教学法在自然教育体验活动中，运用非常广泛。对家乡水资源状况和水污染情况的调查；对本地植物的调查、对入侵本地植物的状况调查等，都是采用探究式的教学方法。如深圳华侨城湿地自然学校"水的奇妙旅程"课程，让学生们通过"小水滴的旅行"互动游戏，探究水的不同形态和循环过程，从而理解为什么水是生命之源，并且告诉大家如何在生活中节约每一滴水。

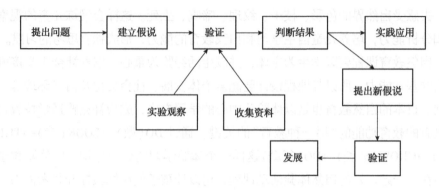

图1-3 探究式教学学习过程示意图

1.7 自然教育的合作要素

自然教育事业的顺利发展需要社会各界的通力合作,包括政府、营利和非营利机构、科研院所、学校和家长等。只有全社会关注和重视,自然教育事业才能真正深入人心,全民的环境素养才能普遍提高。

1.7.1 政府

政府的大力倡导,是自然教育得以蓬勃发展的重要推动力。政府可以通过先倡导、后立法的方式推动全社会自然教育的发展。政府的倡导推广有两个重要优势:第一,为自然教育提供资源和平台,如对学校、公益组织和自然教育机构免费开放一些自然景区;在城市公园开辟自然教育场地;为自然教育项目提供科研经费支出和专业指导等。第二,为官方和权威机构发声,有效提升公民的自然教育意识和全社会的关注度、认可度。时机成熟时,可以考虑通过立法从制度层面加以夯实。在环境教育立法的国家和地区,法律条款对学生参加自然教育的内容、时间等方面都做了明确规定。很多国家对环境教育从业人员和活动场所都设有专门的专业评审和认证机制,确保每个孩子都有机会接受专业的自然教育。

目前,国际上对环境教育进行专门立法的国家有美国、巴西、日本和菲律宾。而在尚未对环境教育立法的国家中,也有一些通过各种方式对环境教育进行了法律约束和保障,如新西兰教育部和环境部分别在 1999 年和 1998

年出台了学校和社会环境教育指导方针等。环境教育被视为从根本上解决日益严峻的环境问题、保护和改善环境、实现人类社会可持续发展战略的一条必由之路。正是因为环境教育在可持续发展中有着如此重要的位置，因此，需要通过法律的规定来规范其管理机构、制度、资金来源、监督机制、奖惩措施等方面。

国际上，最早对环境教育进行专门立法的国家是美国，其早在1970年就已公布了《环境教育法》。这部法律重申了国家对公众进行环境教育的责任和义务；确认了国家对教育和培育有环境保护知识和技能、有环境保护责任感和正确的环境决策能力的高素质公民的迫切需求；全面规范了美国公众环境教育的机构队伍建设、项目管理、经费投入和奖励；对提高美国环境道德水准、促进经济社会协调发展发挥了重要作用。1990年美国重新出台了《国家环境教育法》，对美国环境教育的政策及措施做了详细规定，标志着美国环境教育进入了新的发展阶段。依据该法，在环境保护署下设环境教育处、国家环境教育咨询委员会、联邦环境教育工作委员会，并成立了非营利性的国家环境教育与培训基金会，制订环境教育与培训计划，设计环境实习基金和奖学金以及环境教育奖，旨在全面推动美国环境教育的开展。2020年，美国国会通过《美国户外法案》(*Great American Outdoors Act*)，每年将有9亿美元用于恢复国家公园基础设施，改进公共服务资源。美国国家公园基金会总裁兼首席执行官威尔表示，该法案意味着一个千载难逢的机会，将确保国家公园的安全和可及性，并维护为子孙后代提供教育和激发灵感的资源。这项法律将帮助美国人通过户外运动的方式建立起主动从事户外活动的习惯，户外活动包括野营、徒步旅行、狩猎和捕鱼、公共卫生措施、户外学习环境、学习服务和其他计划。

我国政府也在推广自然教育方面做出了巨大的努力。1973年，全国首次环境保护工作会议审议通过了第一部环境保护的综合性规章《关于保护和改善环境的若干规定》，搭起了我国环境教育概念的基本框架。1996年12月10日，国家环境保护局、中共中央宣传部、国家教育委员会印发《全国环境宣传教育行动纲要(1996—2010年)》。此后，历经多年的发展和进步，基本构建为以政府主导、各部门分工合作以及社会力量积极参与的环境教育格局体系；并由各级环境宣教机构网络在发展中得到了不断健全。教育部2003年印发了《中小学环境教育实施指南(试行)》。国家林业局早在2004年就公布了《国家林业局关于加强未成年人生态道德教育的实施意见》的文件，提出对未成年人进行生态道德教育是实施以生态建设为主的林业发展战略的重要举措。为加强环境宣传教育机构或企业规范化建设，促进环境宣传教育工作长期稳定地发展，2006年国家环境保护总局发文《全国环保系统环境宣传教育机构/企业规范化建设标准》，提出了全国环保系统省、市、县三个级别的环境宣传教育机构或企业规范化建设标准。2013年环境保护部办公厅、教育部办公厅印发了《全国中小学环境教育社会实践基地申报与管理办法（试行）》。2015年，环境保护部、中宣部、中央文明办、教育部、共青团和全国妇联又共同印发了《全国环境宣传教育行动纲要（2011—2015年）》，更新了行动具体方式、内容及对象。为了推进自然体验教育在中国的发展，国家林业局于2016年1月发出了《关于大力推进森林体验和森林养生发展的通知》。通知要求，要把加强对未成年人的自然教育作为森林体验的重点，结合对中小学生的自然教育要求，把森林旅游地建设成为对未成年人进行自然知识普及和生态道德建设的最生动的课堂。2016年，教育部等11部门联合印发了《关于推进中小学生研学旅行的意见》，提出"各中小学结合当地实际，把研学旅行纳入学校教学计划，与综合实践活动课程统筹考虑，促进研学旅行和学校课程有机融合。"教育部充分利用中央专项彩票公益金支持未成年人校外活动保障与能力提升项目，支持建设中小学生研学旅行实践教育基地、营地，依托自然和文化遗产资源、红色教育资源和综合实践基地等，有针对性地开发自然类、历史类、地理类、科技类等多种类型的研学基地。中央2019年未成年人校外教育专项支持资金为9.2亿。项目由教育部组织实施，主要用于支持全国中小学生研学实践教育基地和全国中小学生研学实践教育营地等。而自然教育是研学旅行中的一个重要内容。可见，国家从政策和资金上都对自然教育的发展予以了大力支持。

国家林业和草原局已经连续7年对国家森林公园的骨干职员进行了环境解说培训，同时连续7年在全国森林公园内进行了环境教育示范基地的建设。与此同时，国家林业和草原局还相继出台了一系列的行业标准，来规范行业内的自然教育建设事业，如《生态露营地建设与管理规范》等。本书也是由国家林业和草原局人才开发交流中心组织策划出版的。国家生态环境部宣传教育中心也在这个方面做了大量的工作，如授牌国家环境教育基地，对全国中小学校教师进行自然教育师资培训，对全国自然教育从业者进行自然体验技能培训，组织全国范围内的自然教育活动，出版一系列有关环境教育的书籍，组织国内各机构和学校参加国外的自然教育活动等。这些举措都极大地推动了全国自然教育的开展和推广。

由此可见，国家多部委都对自然教育非常重视，形成了以上带下的联动管理机制。

1.7.2 自然教育从业者

中国的自然教育产业如雨后春笋般涌现。根据2016年全国自然教育论坛的行业调查，自2010年以来，中国的自然教育呈现了井喷式发展的态势。2016年又有更多新的自然教育机构涌现出来。我国目前的自然教育机构主要集中在北京、上海、浙江、福建、广东、云南、四川。根据2015年中国自然教育行业调查，按照机构的运营方式，将目前国内的自然教育机构分为以下八种：

①自然学校(自然中心)类　以自然教育作为核心发展目标与宗旨的组织机构。

②生态保育类　以生态保育作为核心目标的机构，自然教育作为机构发展中的一个重要项目而存在。

③自然观察类　自然观察类多为民间团体协会组织，如观鸟协会、植物观察协会等。

④户外旅行类　在户外活动或旅行方案中融合自然教育内容的组织机构。

⑤农牧场类　目前有许多民间经营的农场、牧场。

⑥博物场馆类　具有推广环境可持续、自然保护目标的博物馆、社区教育场馆。

⑦公园游客中心与保护区类　国家公园、自然保护区等自然资源管理机构里的游客中心与有关场馆。

⑧其他类　艺术、科普等其他教育类型中融合自然教育内容的组织机构。

调查结果显示，自然学校(自然中心)类型的机构数量最多，占47%；其次是户外旅行类，占18%；再者是生态保育类和自然观察类，各占7%；剩下的类型为公园游客中心与保护区类，占6%；农牧场类占5%，博物场馆类占4%，其他占6%。

调查结果显示，按照自然教育机构的主管单位区分，民企自营型机构占50%；其次是非营利组织运作型机构，占26%；再者是个人运作型机构，占8%；机关事业单位自行管理或委托私企经营类型的机构仅占9%和1%。调查还显示，自然体验为自然教育机构的核心服务，占93%。在自然教育机构运营资金来源方面，机构多通过课程方案获得收入，占67%；其次是来自政府的专项经费以及其他组织的资助，占21%。

目前，政府层面还没有介入国内的民营自然教育企业，不同于国外很多自然教育学校都有政府的政策支持，中国的自然教育企业需要更多依靠自身的力量构建自身的发展动力。在没有政府政策及资金的扶持下，很多自然教育机构很难持续有效地生存和发展下去，探索一条中国自然教育商业化道路，显得格外重要。

1.7.3 非政府组织（NGO）

中国的自然教育行业从民间发起并壮大，长期以来，NGO为自然教育行业的发展做了大量的探索工作，特别是像世界自然基金会（WWF）、自然之友、山水自然、桃花源基金会、无痕中国、绿色潇湘等对社会影响较大的机构。NGO组织为我国自然教育实践、人员培训都做出了巨大贡献。其中，影响力比较大的自然之友在梁从诫先生的倡导下于1994年3月成立。它是中国大陆地区第一个土生土长的民间环境保护组织。目前，很多国内大型的基金会都为NGO提供资金支持，如阿里巴巴基金会、阿拉善基金会、华侨城基金会等。有了基金会的支持，我国的NGO得到了快速而有效的发展。例如，WWF举办了很多次环境解说培训班，并出版了《环境解说手册》。2016年，深圳市华会所生态环保基金会联合环境保护部宣传教育中心支持了全国"自然学校试点项目"，该项目共在国内建设8所自然学校试点。这些试点学校为全国自然学校的建设起到了模范带头作用。深圳红树林湿地保护基金会（MCF）作为国内首家由民间发起的地方性环保公募基金会，通过托管市政公园，先后打造了6个"自然教育中心"，逐步确立了以红树林为代表的滨海湿地的保育和教育模式。

1.7.4 学校

目前，国内的中小学校课程里没有专门针对环境保护的课程。学校正规课程当中涉及自然教育与环境保护的内容较少，同时学校针对少儿开展的户外环保活动也非常有限，孩子们与自然环境的接触还十分有限。针对此情况，环境保护部宣传教育中心开始面向中小学开展自然学校项目并设立环境教育实践基地，举办教师环境教育培训、青少年环境教育系列活动以及"国家环保宣教示范基地"的运营，旨在通过基地和项目活动的开展和建设，切实发挥示范带头作用，促进人与自然的交流，进一步提高公众的节约意识、环保意识、生态意识，为推进生态文明建设、建设美丽中国做出新的贡献。

现在越来越多的学校开始重视自然教育，很多学校已经申请成为自然学校。学校是学生接受正规教育的场所，更是培养祖国接班人的地方。学校通过自身的环境建设、课程设置、师资培养以及与其他机构的合作，为自然教育的开展提供了空间和机会。事实上，国家层面也要求学校积极开展自然教育活动。2016年，环境保护部、中宣部等六部委联合发布《全国环境宣传教育工作纲要(2016—2020年)》。随后，教育部等11个部门出台《关于推进中小学生研学旅行的意见》(教基一〔2016〕8号)。2017年，教育部办公厅出台《关于2017年度中央专项彩票公益金支持中小学生研学实践教育项目推荐工作通知》。为了响应号召，很多省份也出台了相关规定，如2017年湖南省教育厅等11部门印发了《关于推进中小学研学旅行工作的实施意见》。这些规定的出台，就是督促学校能更多地让孩子们参与自然教育等社会实践活动。这些活动并不是走马观花而已。研学旅行前，学校要与研学旅行合作机构，根据教育部《中小学综合实践活动课程指导纲要》和学校课程进行课程设计与实施策划，同时也要遵守《研学旅行服务规范》行业标准的相关规范和标准。

目前，我国宁夏、天津和台湾地区已经相继推出地方性环境教育立法。这些有益的探索会有力地推动国家环境教育相关法律的修订，促进实现国内自然教育事业的稳定发展。

1.7.5 家长

随着家长受教育水平的提高，越来越多的家长逐渐重视孩子全面而健康的发展，而不只是看重学习成绩而已。家长与孩子们一同参加自然教育活动，不但可以让孩子增加知识和提高技能，更重要的是还可以一起分享美好的家庭时光。现在很多家长已经意识到大自然能激发孩子的想象力和创造力，所以让孩子们去了解自然，使其尊重自然，进而保护大自然。孩子们在大自然中能探索大自然的智慧、感悟生命的意义以及人类和自然的密切关系。这些经历都将成为孩子们一生珍贵的财富。由湖南广播电台FM89.3组织的暑期大自然公开课活动，吸引了大量的家长报名。他们陪同孩子一同参加了湖南长沙市洋湖湿科普大讲堂活动，如图1-4所示。

2020年秋季学期开学第一个周末，山东济南市七里河小学、洪家楼小学的70余位学生、家长前往黑虎泉，参加了由济南市生态环境局历城分局和环境公益组织无痕中国共同发起的我爱黑虎泉的公益活动，如图1-5所示。

图1-4　家长暑假陪孩子参加湖南广播电台FM89.3大自然的公开课活动

图1-5　济南小学生和家长们参加无痕中国我爱黑虎泉活动

第2章
国外自然教育现状

2.1 日本的自然教育

日本的森林覆盖率非常高，人们喜欢利用自然环境来感受季节的变化，学校的教育也跟自然环境联系密切。日本的学生经常参加一些自然教育体验的活动，如郊游或露营。特别是近年来，为实现联合国可持续发展目标，日本正致力于开展"学习森林知识，亲近大自然"的活动。

早在明治时代(19世纪90年代)，日本就开始创建学校植树日和学校林，至今已逾100年历史。1948年，清里森林学校作为日本最早实践自然教育的场所，提供给参观者独特的自然体验活动。随后，日本经济的飞速发展带动资本的涌入，自然教育的建设进程加快，其中包括民间自行建设的"青年的野外教育设施"及"青少年野外训练设施"等，还有政府部门补助设立的"少年之家"及"青年之家"。在此背景下日本也涌现出了许多自然教育中心。这些机构为各类自然活动、文化活动和国际交流活动等提供指导培训。以日本国立那须甲子少年自然之家为例，自然之家基于基地特色，通过主办亲子营、冒险露营、享受快乐四季蔬菜等活动和教育指导者研修会、志愿者研习会、自然体验实习长期讲座等培训工作和提升教师素质的课程，旨在培养中小学生尊重大自然和爱护大自然的意识；养成互助友爱、团结合作等精神；在自然中锻炼身心，培养起创新能力。

1973年，日本基于《自然保护法》，内阁发布了《国家自然环境保护基本政策》，并提出了积极在社区和学校开展自然教育活动的政策。随后，《自然保护宪章》也在其积极推动下得到具体实施，并充分肯定了对于自然保护的教育意义和自然教育的重要性。1987年，日本文部省发布的《关于环境教育的白皮书》中明确界定了"依据理科和社会科学，引导学生学习相关的环境知识与技能，并深化其对于环境问题的认知和理解"。日本的学校在考虑到环境受广泛性和多面性等因素的影响，并没有单独提供环境教育相关的课程和教材设计，而是通过学校团体开展自然教育相关活动，并将其与不同的学科领域结合到一起。2007年，日本修订的《学校教育法》中明确提出了义务教育阶段应加强校园内外自然教育项目的实施，并努力培养学生尊重、热爱生命与自然的价值观念并积极为环保事业做贡献的态度。

日本文部省于1991年、1992年和1995年就中小学环境教育陆续编辑出版了教师用的《环境教育指导资料》，阐明环境教育的必要性、概念、目的、目标、内容、计划和方针，这套书的颁发标志着日本中小学环境教育进入了全面推进的新时期。日本的教育也很重视社会实践，很早就开展了自然体验教育，并积累了很多经验，取得了不错的效果。1999年，日本政府提出森林环境教育倡议，并在2001年制定的《森林与林业基本法》中明确强调了开展自然教育的重要性，使得自然教育活动得到进一步推进。日本针对国有林成立了"走进森林推进中心"，制定了《森林教育项目计划书》，还大力提倡以"亲近树木、利用木材"为宗旨的"木育"活动。截至2017年，日本至少已经有3700所自然学校。这些自然学校拥有能够提供优质教育环境、体验大自然的各种设施和野外活动场所，有专业的指导员和项目运作人员，并且常年实施各种以体验自然和环境学习为主题的项目。

日本有一种说法："登山者中无坏人"，意思是说心术再不好的人一旦进到山里，就会情不自禁地敬畏自然，回到人所具有的相互协调、相互帮助的本性中去。因此，日本特别强调自然体验学习，从小就让孩子亲近自然、了解自然。日本自然教育活动形式多样，其中，最具特色且受孩子欢迎的活动是"修学旅行"。自1960年开始，日本国内90%以上的学校(小学、初中和高中)都开展了为期24天的"修学旅行"活动，其内容大体包括露营、野炊、自然观察、手工体验、登山、徒步等。日本自然学校的强项是体验活动+社会问题。在日本自然学校不仅仅关注参与者的自然体验，更关注对具体的社会问题的回应，将多种不同领域连接在一起，使其涌现出有特色的项目和人才。

此外，日本还十分重视安全问题。专门设立了山岳遇难对策中央协议会，开展事故预防和安全登山的宣传教育；设立专门的自治体赔偿保险，确保一旦发生安全事故时的赔偿。日本的自然教育之所以发展得如火如荼，究其根本可以归结为16个字，即"政府重视，学校主导，地方配合，全民参与"。

日本对于自然教育活动的开展不同于依托自然教育相关配套设施的欧美国家，更加注重在不同的户外环境针对自然生态环境的情感培养及价值观念的树立，因而日本的自然教育中心更多是基于自然教育机构的规划组织进行的。

在日本被批准可以开展自然教育的协会共有日本森林学会、日本木材学会、日本环境教育学会和日本野外教育学会4个。

日本森林学会成立于1914年，约有2500名会员。从1900年开始，一直致力于森林教育的开展及其研究。自2003年起，在学会大会下开设了以森林教育为主题的小组会议；2018年起又新设立了教育部。

日本木材学会成立于1955年，约有1700名会员。学会共设有20个部门，"林产教育与技术转让"部门就是其中之一。此外，其下属的林产教育研究会和木材教育委员会集中了从事中学技术教育(木材加工)的教育专业人员。

日本环境教育学会成立于1990年，约有1000名会员，主要从事环境教育及其研究，提高公众对环境和环境问题的关注，同时向公众传授与环境有关的知识和技能。会员多为学校教师和教育从业人员。

日本野外教育学会成立于1997年，其前身机构于1966年创立，约有500名会员。学会以"自然、人、体验"为主题，利用体育学和心理学知识，与专门从事野外教育的人士合作，开展自然体验活动研究。

日本的自然教育活动共分为13类(40种)，包括：接触自然，享受自然，在大自然中游戏、玩耍、散步；保健休养，赏花、赏叶，调节身心；野生动物保护调查研究、繁殖与饲养、改善生境；自然观察与学习，如生物观察、环境学习、参观污水处理厂等；为观察和学习进行的采集活动，如采集动植物标本；为有效利用二进行的采集活动，如燃料、手工与工艺制作材料、食材的采集以及堆肥；维护自然环境，如环境治理；设施建设，如建造小屋、步道和游乐设施等；林业作业，如植树造林、除草整地、修剪树枝、间伐与除伐、采伐、蘑菇栽培、烧木炭；手工制作，如手工制作技术与手工艺品制作；体验生活，如感受自然的恩惠、饮食体验、野炊等；举办艺术活动，如艺术创作活动、展览会、摄影展以及室外音乐会表演艺术；运动，如登山、滑雪等课程。

森综所多摩森林科学园开发并实施了其中6种教育项目。

①身边树木和木材的利用 学习树木和木材利用知识，了解如何根据木材特性有效利用木材。例如，在多摩森林科学园的树木园内设置了树叶、花朵、果实和木材特性介绍展板和利用树木制作的展示箱(俗称"森林邮筒")。此外，还设有专门用来介绍树木种类的园地。人们可以在森林中边散步边观察树木，学习如何使木材得到有效利用的知识。

②木材利用和林业体验 开展林业体验和树木测量等学习活动，了解木材生产相关知识及木材实际利用情况，掌握可持续林业及木材生产利用的知识与技能。

③森林管理体验 该项目是面向普通公众和高中生的实践体验活动，旨在提高对森林的关注度，加深对森林工作者森林管理工作的了解。森林体验实践课包

括：森林实习，使用全球定位系统轨迹记录仪进行森林实地考察，在森林中测量树木的数量、树高、胸径和树木位置等；室内实习，根据森林调查结果，计算蓄积量并估算固碳量。同时，使用航拍图像掌握森林状态，最终通过探讨确立森林管理计划。

④木材性质与木材结构　通过木材实验和实地学习，提高人们对身边熟悉的木材的感知度和关注度。实践活动包括：对三种不同密度的木材标本进行浮力实验，利用电子显微镜对木材组织构造进行对比；制作树木结构立体模型，观察木材组织的立体结构。

⑤书籍与树的关系　制作木简，以书籍为主题，体验流传至今的木简制作，了解木材作为纸质书原材料的广泛用途和木材利用的历史与文化，促使人们思考与树木的关系。

⑥规划森林教育活动　森林教育负责人需要制定森林教育计划，明确体验活动的立足点和教育目的，使森林教育活动符合教育要求，以实现保护自然环境、培养青少年实践能力、普及森林与林业知识、增进人们身心健康、增强地方活力及改善生活环境等目标。

在日本儿童树博士认定很受欢迎。所谓的儿童树博士，是一项自愿的森林教育课程，它的目标是让孩子认识更多树木，并以认识树木为契机来接触自然，也有以孩子带动大人走进森林的意图。儿童树博士有严格的认定标准，根据儿童认对的树种数量来颁发证书，如认识40种以上就是四段树博士，而认识10~19种是初段树博士。童树博士的活动内容是相对固定的。首先，孩子们会分成10人小组，由自然解说员带领在森林或公园中散步，一边散步一边来认识树木。这种树木体验大约耗时1小时，第一次参加的孩子要接触30~40种树木。树木体验结束后，会稍微休息一下，组织者采集一些树木标本，供孩子们模拟考试。正式的考试也是认标本，考试以"回转寿司"的形式，让孩子们走到标本前给出正确答案。虽然看起来很随意，但据说组织者很看重考试的公正性，考哪些树种都是用心准备过的。为了推广儿童树博士，日本森林协会专门倡导成立"儿童树博士推进协议会"，成员包括涉林的高校、研究所、社团以及个人，大家一起来审查儿童树博士活动的实施机构、制定树木解说教材、推荐合适的自然解说员、发布活动信息以及提供认定证书(收费)等。儿童树博士活动一般在休息日举行，公共机构、社团、学校甚至个人都可以作为儿童树博士活动的实施机构，但儿童树博士活动对场地要求较为挑剔，交通条件、场地大小、树木种类、是否安全、能否采集标本等因素，都在组织方考量范围。

除了一些自然教育协会，日本的自然学校也是推动自然教育事业的重要机构。日本自然学校的三大特质：

①与不同领域机构的合作、联盟。

②不拘泥于特定的产业形式，在当地作为协调者，整合各种资源。

③作为微小产业(可持续存活)，事业规模比一般企业小，但可持续活用地方资源(人、自然、文化)活动项目的内容充实愉快有信息传递能力。

四大使命：

①第一阶段　自然体验，主要为孩子们提供优质、安全的自然体验活动。

②第二阶段　环境教育，强调教育，加强与学校的合作。

③第三阶段　人才培养，为全国各地发展自然学校而培养人才。

④第四阶段　地方振兴，为解决社会问题而不断地创造新事业。

自然学校的特质与使命决定了企业和政府是推动日本自然教育发展的主要力量。

完整地球自然学校(The Whole Earth，TWE)是日本的第一所自然学校，从1982年创立，至今已有近40年历史。盈利模式主要为学生、家庭、社会团体提供自然教育活动并收取费用，同时，资金来源还包含政府、企业社团的拨款及赞助。每年的4~6月每天都在经营。每年有八成收入都是来源于政府机构、企业委托承接体验式课程，而学校的支出有六成都是员工工资。相对于一般服务型企业，人员工资占比通常为三成，而自然教育学校在人员工资方面占比过大。但因为自然教育需要通过教师引领参与者体验，对教师的要求非常之高，而通常一位教师单次带领课程的人数也极为有限，通常不超过10人。因此，人员成本也很难降低。自然教育学校完全靠商业运营难度是非常大的，也就是说政府和社会团体的大力支持，才保证了自然学校的正常运营。

案例：栗驹高原自然学校

栗驹高原自然学校是1995年佐佐木丰志开办的公益性学校组织，以自然学校为主体，创建于被指定为国家公园的栗驹地区。该地区之前只有江户末期建设的温泉旅馆，其后国家将国有林卖给来开垦的农民，开展烧炭、栽培蘑菇、草莓、萝卜、花卉等经营活动，在当时得到了国家农业和林业政策的支持。1968年，栗驹地区被指定为国家公园，乡村观光旅游业也随之开始起步。后来在地方政府、民间机构的支持下，住宿设施和野营地也相继成立。此外，1989年林业部实施"高原山脉中心（山脉之家）"的资助项目来鼓励村民组建联合会。2003年，成立了以实践可持续生活为使命的非营利组织（NPO）法人，开始了扩大农式生活的实践、提高食物自给率作为经营基础的学校发展充实阶段。

(1) 环境特色

栗驹高原自然学校一方面依托周边丰富的自然资源，如栗驹山、世界谷地湿地、山毛榉原生林、瀑布溪流、荒砥泽水库等自然资源；另一方面也结合一些当地的产业优势，如周边的乡村农场、栗驹庄、养鱼场、温泉等，与之建立良好的联系，并结合这些优势的场地资源开展各种类型的自然教育课程活动。

(2) 场地设施

场地有一部分是租赁，开办初期的两栋设施是佐佐木个人投资建设的，作为自然学校的主屋承担室内自然教育课程的活动，两栋是员工利用废弃的建材自建的仓库与家畜小屋，还有两栋是社会组织机构及个人捐赠的，作为男女生的宿舍。

(3) 运营管理

栗驹高原自然学校使用体验学习法，促进学习者的自然体验活动和教育咨询活动的发展。此外，栗驹高原自然学校还扩大了支持青年人走向自立的长期住宿型活动课程，并得到了厚生劳动所对于无学籍无工作年轻人"青年自立塾"项目的资助，确立了自然学校的社会功能。

(4) 课程活动

自成立以来，学校以野外教育和冒险教育为主题，基于乡村地区的潜力，根据不同发展时期，项目也从单一的耕作饲养，到农业体验及自立支援等按照需求有所变化。主要的活动主题分为以下五种：①野外教育项目：依靠森林、山川、湖海、栗驹山及北上川等优质自然资源，开展举办各类以青少年为对象的野营、童子军及冒险营等活动，另外也有各种结合室外体验活动的课程；②自然向导·生态游：主要以自然探访、文化体验以及与当地的交流活动为主实施的各种生态游和自然游，如历史古道导游、栗驹山导游、地质导游等；③青少年自立支援"耕英寮"：一方面为由于心理障碍不能上学、无法与人沟通的孩子提供寄宿制度，通过生活体验和自然体验活动，重新审视和挖掘自我，另一方面为实施"山村留学"制度，接收城里的孩子，通过合作创造生活和各种实践，培养自立、坚强精神；④农式生活的创造和实践：根据参加人数和年龄的构成来体验循环式农业的活动课程，并开展"生态村"实验，运用自然界的素材体验从无到有创建生活的过程；⑤培养引导员，派遣讲座主讲：主要面向企业或行政机构，包括团队建设、领导力培训等。同时也提供独立企划，运作多种野外教育和自然教育活动课程的人才培训服务，如分享自然领导力研修（sharing nature with children），充分利用全身各种感官来直接体验自然，从而培养和提高对于自然界的认同感。

(5) 小结

栗驹高原自然学校除了定位在学生客群中，更积极拓展区域外的服务空间，拉近乡村的游憩客群，吸引其参与到中心的活动之中。并透过多样的自然教育服务，结合研究保育的成果，定期发表成果，创造教育、保育、研究、游憩等多功能目标。而在设施改善方面，主要以环境友善为目标，不仅自行发电，甚至提前实现政府要求节能减碳的比例标准，可作为环境教育学习中心永续发展的典范。

日本自然教育改革的基本方向，依据第十四期中央教育审议会咨议报告中所提到的内容，自然教育的目的是适性化、多样化、弹性化的教育；具体来说，是能展开每个自然学校拥有自己特色的多样化自然教育，能运用学生的个别差异及未来生涯之路，提供学生普通及专业的多样化弹性自然教育课程及宽广的学习机会，培育青少年丰富的人性教育，并且作为地区终身学习的机构，因此，多元化学科课程扮演着自然教育改革先驱的角色。而日本除了着重于学生的适性发展外，同时也强调其对于整体国家社会应有的关心与责任。

2.2 美国的自然教育

美国是世界上最早开展自然教育的国家之一。美国的自然教育起源于19世纪30年代的营地教育。按照埃文斯（Evans）和奇普曼·埃文斯（Chipman Evans）的分析研究，紧邻密苏里河的丰特内尔森林（Fontana forest）算是美国最早开展自然教育的场所。到20世纪70年代随着环境问题接连发生，美国生态环境及教育等部门更加重视并强调在户外实施解决环境问题的教育。而北美也于20世纪六七十年代间普及了自然教育的理念，鼓励城市居民感受并尊重自然生态环境。与此同时，奥德班协会（Nation Audubon Society）的成立也进一步促进了自然教理念在北美地区的推广与普及。

美国是最早开展环境教育立法的国家。1970年，美国首次颁布了《环境教育法》，它是世界上第一部环境教育的法案。1990年，《国家环境教育法》的诞生标志着美国环境教育开始步入到一个全新的发展阶段。与此同时，美国各州也相继开始了环境教育的立法工作。在1970—1990年，美国从联邦和州两个层面来进行立法以此表明国家重视面向民众开展环境教育工作的程度，并设立了相应的组织机构来保障环境教育项目的资金和经费等各项内容。这些法律、制度和硬件设施为环境教育在美国的长足发展奠定了坚实的基础。

美国各州现已有3000个户外自然教育中心，全国几乎所有的自然博物馆、国家公园、国家森林等场所都分别承担着对中小学生的自然教育任务。"请进来，走出去"的教学方式，把学校教育与自然体验活动有机地结合起来，形成了完善的自然教育体系。

大体上，美国的环境教育最早可以源于三个时期的发展，分别为自然教育、保育教育以及户外教育。其中，自然教育的主要目的是引导学习者认识他们赖以生存的自然环境，满足他们对于生活的各种需求。此后，伴随着各种沙尘暴、物种灭绝等一系列破坏自然的事件在美国频繁的发生，使得公众开始意识到环境保育的重要性，由此保育教育盛行起来。第二次世界大战后，户外教育开始兴起，其最早起源于美国早期对于"童子军"的专门训练，户外教育最显著的特点是在户外开展教学内容，并且课程涉及的学科范围较为广泛。

美国自然教育实施方式主要有以下三种：

①生态游戏　形式多样，内容丰富，且趣味性强，是美国国家公园开展自然教育最核心的手段之一。生态游戏通过寓教于乐的方式，不仅可以帮助公众快速进入自然，生动形象地感知自然，还能发人深省，让公众从内心去感悟和爱护自然。其中，最常见的便是野外考察活动。

②自然环境解说　其品质直接影响着自然教育开展的效果。再好的活动方案和课程，都需要有好的老师进行引导才能到达理想的效果。美国国家公园都会长期向公众提供各类自然解说和科普教育服务，解说内容涉及自然环境、人文历史等各方面，以期让游客感受到人与自然的紧密联系。

③在线多媒体资源及课程　网上提供公园资讯，观看图片、文字、视频或进行互动小游戏、虚拟游园等，方便人们了解公园。网络还可能提供由教育专家编撰的开放式自然教育课程。

美国第一所完全意义上的森林幼儿园——雪松之歌自然学校（Cedar Song Nature School），由艾瑞·肯尼创立于2006年。这所幼儿园的建立源自于艾瑞儿时的理想——为孩子提供与大自然直接接触的机会，以增加儿童对自然世界的认识和联系，以促进对地球上所有居民的怜悯和同情心的养成。雪松之歌自然学校的宗旨就是通过对自然和文化历史的持续学习，加深孩子们对周围世界的理解，与自然和社会建立起发自内心的紧密联系。

案例1：美国黄石国家公园

(1) 环境特色

黄石国家公园是美国第一个国家公园，主要位于美国怀俄明州，部分位于蒙大拿州和爱达荷州。公园拥有很多火山口和大面积森林，有超过1万个温泉、300多个间歇泉、290多个瀑布，是一个负有盛名的游览胜地。园内有很多种野生动物，超过1100种原生植物。因此，黄石国家公园被美国人自豪地称为"地球上最独一无二的神奇乐园"。

(2) 场所设施

现设有奥尔布赖特、老忠实泉、格兰特村等游客中心，间歇泉、钓鱼桥等博物馆、野营地、游径、户外解说牌等野外探险和学习设施，并长期提供自然解说服务（图2-1）。

图2-1 黄石国家公园解说牌

(3) 运营管理

黄石国家公园由黄石国家公园管理局负责管理和运营，隶属于美国国家公园署。

(4) 课程方案

黄石国家公园结合不同的主题及资源特色，针对大学生、中小学生及一般人群开展了不同的自然教育活动。以中小学生群体为例，从简单地对比人与动物的足迹到了解地形地貌的形成、动植物间能量转化、远足探险、湖滨带的调查、思考国家公园的保护与利用等自然教育活动，涵盖学前班至高三所有学生，层次分明、主题明确(表2-1)。

此外，黄石国家公园还推出了独具特色的初级护林员项目，针对不同年龄的孩子的任务清单，帮助其了解国家公园的历史、生态、科学以及人与自然的关系。如要求5~7岁的孩子必须完成以下7项活动中的4项(表2-2)；要求8~9岁的孩子必须完成以下10项活动中的4项；10~12岁的孩子必须完成以下10项活动中的6项(表2-3)。

表2-1 黄石公园面向中小学生的自然体验教育活动

活动参与对象	活动名称	活动内容
学前班至二年级	足迹追踪	要求学生对比灰熊、黑熊、狼和人类足迹，观察其相似性和区别
三年级至五年级	国家公园保护和利用	用困境卡来描述公园现存的问题，学生分组思考国家公务服务应遵守的管理问题，探讨管理决策的复杂性和重要性，并尝试了解国家公园是如何努力平衡保护与利用的
	地形地貌	学习侵蚀作用对小山脉的破坏力，调查一个区域来确定侵蚀的证据；观察在自然环境中化石树来学习更多关于黄石的地貌形态知识
	伪装	了解捕食动力学及适应性概念
	学习关于国家公园的服务标志	学习国家森林公园服务的箭头符号是由哪些标志构成的，创作自己的设计
	冬季着装	学习整合热量传递方面的相关词汇和知识
三年级至五年级	涂1000词	考察历史上的黄石艺术品，学生通过水彩或照片说出自己的黄石经验
小学生	吃还是被吃	学生演示植物与动物之间的能量转化和关系
三年级至初二	追溯过去的线索	学习关于考古学过程的内容
四年级至初二	黄石探险	学生在教师和家长的陪伴下参与远足旅行、野外调查、讨论等，并写日记
六年级至初二	生活水域：湖滨带的调查	调查一条小溪内部及其附近植物和动物的生活
	熊的菜单	了解熊的取食习惯，画出熊春、夏、秋、冬都做什么
初三到高三	旅行者	学生对黄石公园进行探索

(续)

活动参与对象	活动名称	活动内容
中学生	热泉	学习板块构造和地幔理论
中小学生	发明动物	通过合作，创作虚拟动物，帮助学生理解黄石生态系统中不同栖息地野生动物生存的适应性
	间歇泉是如何运行的	学习构成间歇泉的必要成分以及它们是如何运行的

表2-2 5~7岁孩子自然教育活动任务

序号	活动
1	欢迎来到黄石公园——完成黄石公园的植物和动物指示图
2	大间歇泉——解释间歇泉是如何喷发的
3	各处的动物——找出谜语或迷宫中的10种动物
4	你看到了什么——回答一个有关黄石公园野生动物信息的问题
5	黄石公园是栖息地——了解关于黄石山坡、森林、草原、河流、池塘和湖泊不同栖息地的信息
6	你和黄石——假设你在对你最喜欢的景色、动物或者地点进行摄影，画出图画
7	黄石地图——将你在公园的参观线路画出来

表2-3 8~12岁孩子自然教育活动任务

序号	活动
1	你在这——观察公园的黄石地图，并且帮助你计划你的旅行
2	你的黄石日志——本页将记录你的旅行
3	大图片——大黄石生态系统字谜
4	健康的栖息地——黄石栖息地，包括草地、水、湿地、森林和山坡等
5	观察足迹——在黄石公园你可以发现不同的足迹
6	熊的国度——关于在黄石公园的黑熊和灰熊的信息
7	野外观察——学习关于黄石野生动物并且记录你所看到的
8	山地林火——学习山地林火及它们在自然界的位置
9	放出蒸汽——学习间歇泉如何喷发及黄石的间歇泉
10	热泉——了解温泉、间歇泉、泥浆泉、喷气孔

(5) 小结

黄石国家公园以其优良的自然环境吸引了大量的游客。公园依据其资源特色,开发了针对不同学年的自然教育课程,针对性强,活动形式丰富多彩,充分展示了公园的独特之处。

案例2:伯德约翰逊野生花卉中心

(1)环境特色

得克萨斯大学奥斯汀分校的伯德约翰逊野生花卉中心位于得克萨斯州奥斯汀市西南部16千米处,在得克萨斯州独特的丘陵地带的边缘地带,作为得州州立植物园及本地植物园的教育示范基地。该中心于1982年由约翰逊总统夫人和女演员海伦·海斯共同设立,其主要目的是用作乡土野生花卉、植物以及自然景观的保护,从而增加其可持续性利用效率。随后在1995年,设计师罗伯特·安德森(Robert Anderson)以及达里尔·莫里森(Darrel Morrison)对野生花卉中心进行了扩建和改造,并正式于1998年更名为伯德约翰逊野生花卉中心。该中心的特色包括花园和自然环境中超过800种土生土长的乡土植物,并且中心作为开展一系列教育项目以及家庭活动的场地,每年吸引了超过14万的游客。

(2)场所设施

该中心主要依托建筑组群围绕周围的庭院,四周环绕着大片的稀疏林地,保留着得州原有的自然景观。其中,中心庭院作为野生花卉中心办公室、科学研究以及对外进行展示宣传的场所,主要包含宣教中心、礼堂、科研楼、图书馆、办公楼、商店和儿童小屋等建筑。其附属花园在花园中心的西侧,由水花园、家庭园艺示范园、蝴蝶花园以及展示花园等乡土植物的展示花园组成,是参观者互动与学习的重要场所。同时,自然风光区位于一片草原区,充分展现了得州原有的草原风貌。此外,该区域为学习者设计了四条自然小径,依次可以穿越林地、草原和其他自然区域,使学习者对野生花卉中心和德州地区的自然风光有一个整体性的认知。同时,该中心也为城市和乡村景观的发展提供了有利的指导,并融合了绿色屋顶、雨水收集和其他低影响开发的特征。

(3)运营管理

约翰逊总统夫人为野生花卉中心的建设和管理付出了大量的精力,并为北美乡土植物以及自然景观的保护做出了极为重要的贡献。中心致力于推动绿色屋顶、可持续的草坪、低冲击开发和风暴水最佳管理实践(BMPs)、原生态修复、入侵物种管理、路边植被和城市荒地界面火灾生态学的科学知识的发展。也为公共和私人客户,包括国家和地区公园、公司总部、城市发展、机构园区、河流和草原恢复、国家公路和植物园等带来广泛而多样的经验。

根据实习的时间，中心让实习生协助环境设计师与土地生态学家共同参与到研究之中，包括设计图形、实地调查、数据采集、现场研究项目等环节。同时，实习生有机会在野花中心的其他部门工作，包括园艺、培植、传播、植物保护和教育等。

(4) 课程方案

花卉中心的主要任务是让民众意识到乡土植物保护和利用的必要性和重要性，并且中心也为需求不同的学习者提供相应多样的学习与体验项目。野花中心提供学习得克萨斯本土植物、园艺、自然艺术、摄影、写作等课程，并在春季和秋季为通过非正式课程的学员提供本地植物园艺证书。野花中心的环境教育项目从正式课程到夏令营和例周的"自然播放"项目，为学生提供了有趣的、丰富的学习本土野生动植物的经验，同时也在实践中进行花园探秘。每个项目是根据学员的教育水平量身定做的，为学生提供了学习和探索自然世界的机会，整个活动时间约为2小时，包括5个项目。除了针对儿童和成人开展本土植物的教育外，还培训公民科学家来识别和监测入侵物种。

(5) 小结

伯德约翰逊野生花卉中心根据其不同的场地开设了不同主题的乡土植物花园，在建筑与景观设计手段中积极运用生态绿色的设计理念，并将保护乡土植物和自然景观的观念渗透到其中，使得环境更加具有教育的意义。

2.3 英国的自然教育

早在1892年，盖迪斯(Patrick Geddes，1854—1932)就在英国的爱丁堡设立了"展望塔"(Outlook Tower)作为英国第一家田野学习中心，其目的是让民众了解自己所处的地理环境。随后于1946年，在英国萨福克郡(Suffolk)的佛拉特福德米尔(Flatford Mill)地区，设置了英国第一所住宿型的田野学习中心(Palmer，1998)，为学习者提供了一系列自然教育相关的课程。1943年，英国田野学习协会(Field Study Council, FSC)诞生，以将教育引入自然体验为核心观念，进一步促进了英国自然教育在理念与实践层面的建设和发展。20世纪40年代，自然学习开始在乡村受到了重视，并被视为"环境学习"的先驱，在各地相继成立了乡村教师协会(Association of Rural Teachers),促进了英国环境教育的长足发展。1960年,英国乡村环境研究协会(National Association of Rural Environmental)成立,后演变成为现今的国家环境教育研究协会(National Association for Environmental Education, NAEE)。1965年,基尔大学召开的学术会议的主要议题紧紧围绕着乡村保护及其对教育的影响等层面展开。该会议首次将教育工作者与环保人士聚集在一起,共同参与交流、讨论,并推动了环境教育委员会(Council for Environmental Education, CEE)的成立。截至1970年,英国已设立了30多个乡村环境研究中心,促进了对乡村环境保护的进程。英国在环境教育建设方面很早就将自然环境与学校的科学文化教育结合起来。

在《1988年教育改革法》中提到了以法律的形式将环境教育作为一门跨学科的必修课纳入正规的国家课程体系,使环境教育在英国正规教育的发展之中占据一席之地。随后,英国基于中小学课程将自然环境作为开展环境教育的户外学习课堂。20世纪70年代,英国中小学基于"卢卡斯模式"开展环境教育课程,即"关于环境的教育"(education about the environment)、"通过环境的教育"(education in the environment)、"为了环境的教育"(education for the environment)。至今,英国在中小学的环境教育课程方面的开发和实施仍以这一理论模式作为基本指导原则,始终侧重于"情感第一,知识第二",将对自然的情感体验作为指导目标,带领学习者体验、探知并尊重、热爱自然。

20世纪90年代,随着公众对于精神文化的需求不断上升,公众愈加重视乡村休闲游憩活动,也成立了一些致力于保护乡村生态的组织机构,如英国皇家鸟类保护协会(Royal Society for the Protection of Birds, RSPB)、英国田野学习协会(Field Studies Council, FSC)、国家地理协会(Geographical Association)、国家英国生态协会等这些非政府组织等,并针对相关环境问题设计开发相关教育活动和课程。其中,FSC作为英国最大的国家级野外环境教育机构,成立于1943年,以"让人人都能了解环境,帮助人们了解自然并从中获得启发"为宗旨,总部设在修尔斯贝利(Shrewsbury),其后陆续在英国境内设置了20所田野中心。1994年,FSC环境教育部门成立,为各教育机构提供了环境相关的培训课程及咨询服务。目前,FSC中绝大多数中心都位于具有优势自然资源或古老历史建筑的场所,其设计开展的环境教育教学项目也并不局限于中心内,更延伸扩展至附近的国家公园、瀑布、海岸等场所,充分利用周边环境的优势资源进而开展丰富的生态实践活动,亦或在当地的历史建筑、公园等场所开展认知课程从而让学习者了解历史人文的变迁。同时，FSC在设计课程方案时也会依照不同的对象及其需求有所区分，也会根据各中心不同的特色而在课程设计上有所不同。

据2016年的统计数据，英国开展实施自然教育的场所达到了800多个。此外，英国开展自然教育的场所主要可以分为以下两种类型：一是在具有特色的自然生态与文化资源的区域以自然体验与学习探知为核心开展的田野调研项目；二是在乡村休闲区域为消费者提供相关自然教育的配套服务，包括活动方案设计、住宿、餐饮等方面的内容。

此外，英国还发起了"森林教育合作计划"（Forest Education Initiative，FEI），意在透过教育，让学生及一般民众了解森林在生态、经济及社会系统中的重要角色，推动"森林学校"（Forest Schools），其主要是通过森林环境教育，让青少年以及成人能够在自然环境中培养自信及自尊。

森林学校学习倡议（Forest School Learning Initiative，FSLI）于2006年由克里斯蒂娜·迪（Christina Dee）设立，并在继续教育学院开展森林学校培训。FSLI针对3~18岁的学生开展森林学校课程，主要侧重于小学年龄段，所有FSLI培训小组的成员每周定期在当地学校主持课程。FSLI为全英国的学生提供培训。2007年，FSLI成为森林管理学院，培训了900多名三级森林学校管理人员，并支持他们开发和实施森林学校培训。培训模式是以教育学家为中心，以森林学校的方法和理念为核心，促进儿童学习和探索。

案例：马尔罕湖田野中心

（1）环境特色

马尔罕湖田野中心（Malham Tarn Field Centre）坐落于英格兰东北部的约克郡谷地国家公园（Yorkshire Dales National Park）内的马尔汉湖（Malham Tarn）北岸，该国家公园成立于1954年，以特殊的石灰岩地貌以及历史悠久的石灰岩石墙而闻名，壮丽优美的山景搭配邻近恬雅慢活的城镇聚落，每年吸引超过800万的游客参观到访。

马尔罕湖田野中心的主建筑物湖屋（Tarn house）建于16世纪，原本是一栋二层楼的狩猎小屋。1780年时，富豪托马斯·利斯特（Thomas Lister）对其进行改建，除了重建旧屋的底层，并运用当地的鹅卵石堆砌主建筑的地基及地窖，同时也保留了主建筑前方的大草坪，直至今日学习者都可以站在这片大草坪上欣赏马尔罕湖优美的景致。1947年，房屋捐赠给了英国国民信托组织（The National Trust），英国田野研究协会随即承租下来，于是这栋拥有着350多年历史的庄园便成了田野研究协会第三个田野研究中心。

约克郡谷地国家公园拥有丰富自然资源，已有许多户外协会（如登山、露营或健行等）为访客提供相应的体验活动，而马尔罕湖田野中心作为当地唯一的一家自然教育中心，不仅与英国国民信托组织保持着良好的合作关系，多年来也作为自然教育的传播者，积极地为公众提供当地重要的资讯，并协助当地组织推动周边各项活动的开展。

（2）场地设施

马尔罕湖田野中心拥有开阔壮丽的地景，主要建筑物有四区：主建筑湖屋、北翼、高厩、职员宿舍。中心每年以1万英镑向英国国民信托组织承租这些场地；建筑物内部的维护由中心自行处理，而外墙及屋顶的修缮则由英国国民信托组织负责。

湖屋为两层楼建筑，正门位于建筑物的东侧，一楼设有行政办公室、餐厅、厨房、教师交流厅、茶点室、学生交流厅等。二楼则为宿舍及图书室。地下室设有台球桌、干燥室、器材储藏室及鞋柜等。

此外，中心也善用各个角落展示宣传保育理念，如在入口处放置目击野生动物纪录表（Wildlife Sighting at Malham Tarn），在一楼室内走廊展示附近常出现的野生动物标本、照片及简介，激发学员仔细观察中心周边环境的好奇心。中心也利用墙面或餐厅桌牌的位置张贴或放置与环境相关的调查记录资料等，使学员能进行自导式学习。

紧邻湖屋北侧设有4间教室，分别为土壤及化学实验室、贩卖部及环教教师办公室。1947年，中心面向公众开放，北翼是车库及马厩，目前看到的规划及设施都是在中心成立之后才完成的。直至今日，改建仍在进行。

湖屋及北翼周边除了设有特定时间开张的酒吧，还有一间交流厅及数间宿舍；马尔罕湖田野中心全区共提供140个床位给来访者。职员宿舍则共有4幢，目前1幢为中心主任宿舍，2栋为行政人员及环境教师宿舍，还有1幢规划为度假小屋。

（3）运营管理

马尔罕湖田野中心运营状况良好，以教育活动过程费用为主要收入来源，中心还出售相关展品、纪念品，并租赁一些现场设备等。据统计，2017年中心共有 6200 名学者参与了中心的课程活动。此外，如前所述由于中心地处约克郡谷地国家公园范围内，邻近区域具有独特的资源特色吸引许多游客，因此，中心在自然教育活动的淡季提供亲子、场地租借及食宿服务，作为填补中心淡季的重要收入。

（4）课程方案

马尔罕湖田野中心提供单日型及隔宿型课程活动，服务对象包含小学生、大学生及亲子家庭。主要客群为 14~15 岁之 GCSE 中学生及 16~17 岁之 A-Level 高中学生，约占全年服务人次的 70%，大学生的比例为 20%，而小学生、家庭主题日、场地设备租赁等其他服务的比例合为 10%。

约克郡谷地国家公园区域内包含独特的石灰岩地形及由泥炭湿地和林地组成的国家自然保护区，许多珍贵稀有的生物栖息于此；中心利用此优势开发适合 GCSE 及 A-Level 学生的生物及地理隔宿型课程。以生物课程为例，内容包含生物多样性调查、生物统计应用、环境因子对于物种分布的影响等；而地理课程则结合邻近之场地，让学生于溪流、海岸、泥炭湿地、冰川环境中进行实地考察，透过资料搜集分析侵蚀、沉积等因素对于环境的影响。此外，中心还依据场地特色，提供 15 套适用于小学生的单日型课程，课程主题包含野外求生、团队合作、定向运动、地理、生物调查及资源管理等。

（5）小结

马尔罕湖田野中心不仅有着便利的地理区位，也善用邻近地区丰富及独特的自然资源，像是石灰岩地貌、泥炭湿地等，使中心的课程延伸到周边的环境中。该中心在硬件设施上也不断更新，如针对中心的历史及人文特色树立解说牌等。

人事训练方面，依照教师不同的背景开展在职训练。例如，对实习教师采用同侪学习的方式，让新进教师多观摩教学方式。而对已有教学经验的伙伴，则更注重户外教育的安全管理，不断加强相关的理论及实际操作知识。

尽管马尔罕湖田野中心是当地唯一的户外教育机构，但中心并未因缺乏竞争者而在行事上草率松懈，不但持续地与在地城镇单位相互合作，也与社福型公益组织合办活动，接待难民来国家公园参观旅游、进行体验活动，以回馈社会。此外，马尔罕湖田野中心在饮食安排上也力行绿色概念，不以成本作为唯一诉求，而是选择与附近农产品供应商合作，并在自然教育课程中宣传此概念，培养来访学员明智的消费观念。

2.4　澳大利亚的自然教育

1939年成立的步罗湾国家健身训练营(Broken Bay National Fitness Camp)，作为澳大利亚第一家自然教育中心，将自然生态环境与教育结合起来，为广大的澳大利亚民众营造了良好的户外学习自然、生物、历史及地理知识的平台。至今，澳大利亚已经有127所自然教育中心。

案例：桑德灵厄姆小学的社区农园

(1) 环境特色

澳大利亚桑德灵厄姆小学农园位于学校内部，由于疏于管理、缺少活力逐渐被荒废，经过学校和市民的帮助逐渐焕发光彩。

(2) 场地设施

学校内部花园和厨房。

(3) 运营管理

桑德灵厄姆社区银行提供建设资金。斯蒂芬尼亚历山大厨房农园基金会是非营利性组织旨在给孩子们提供愉悦的食物教育指导，包括种植、收获、准备和分享食物等。并且成立厨房农园专项项目，学校加入了基金会的厨房花园教室，帮助他们规划厨房农园计划，学校的教职员工和家长们从中获得了新的学习机会，参加了面对面的专业发展，包括厨房花在线专园教室MEM员、培训、资源和支持。

(4) 课程方案

把自然教育融入教学之中，在老师和父母的共同努力下，带领孩子参加学校的农园建设，他们每周至少花费45分钟在农园进行设计、建造和维护，每周花90分钟在厨房教室里制作和分享从花园中获取的食品。学校雇用了两名兼职的专业人员：一名园丁和一名厨师，帮助儿童在花园劳作和厨房烹饪，学生参与园林以及可供食用花园的建造和维护。园丁和厨师在厨房教室和餐厅使用的空间，将快乐食品教育理念，充分融入课程或学习框架，这种授课方式为学生潜能发展提供了无限的可能性，提升了他们识字、算术、科学、文化研究和环境可持续性的所有方面的能力。

学校通过利用闲置土地，并分配教师力量和课程安排，要学生主动参与到农园建设之中，参与农园的设计、建造和维护，课后在农园取材制作食品，分享建设成果的快乐，锻炼了学生的动手能力和思考能力。社会共享资源对学校农园的建设起着重要的推动作用，学校的教师通过自然教育培训，聘请专业教师对学生进行农业系列劳动和提供场地，来探索自然和了解自然，促进学生的身心发展。

世界上除了以上列举的国家自然教育事业发展迅速外，斯堪的纳维亚半岛也是自然教育发展的先锋地区。1973年，瑞典成立了最早的自然教育中心，即"Naturum"，为公众提供体验自然的机会，至今已设立了29所自然教育中心。而被誉为"教育全球第一"的芬兰，更是自然教育的先行者。在芬兰，幼儿园不教知识，以游戏作为最自然的学习方式，儿童7岁开始上学，10岁前很少参加考试或做家庭作业，业余时间自由玩耍，花大量的时间运动，家庭作业一周只有5分钟时间，16岁时才有一次强制的标准化考试，上科学课时每班不超过16人，保证每个人做实验的机会，在2001年国际化标准测评中，芬兰儿童在科学、阅读、数学上达到或非常接近最高标准。

虽然国外各国自然教育活动侧重点不同，但其核心仍是自然环境保护，强调在自然中进行亲身体验，将自己视作自然的一部分融入其中，学习和了解自然环境各要素之间的关系、人与自然的联系，并在互动体验中建立起与自然和谐相处的关系，养成爱护自然、保护环境的良好意愿与行为习惯。

第3章
自然教育指导师能力要求

3.1 自然教育活动的规划能力

3.1.1 关于自然教育活动的知识

自然教育指导师需要了解有关自然教育活动的目的、意义、内容、安全管理等方面的知识。指导师在开展自然教育活动之前,要进行预测试。预测试主要是让指导师熟悉自然教育活动的环境、体验设施和用具、体验内容、体验时间、可能存在的安全隐患等方面。指导师可以根据预测试调整自己对整个活动的把控,同时对自然知识进行查缺补漏。指导师还可以根据预测试的活动,对自然教育活动的策划者提出自己的看法,改进活动过程。

为了熟悉尽可能多的自然教育活动,自然教育指导师平时可以多看看与自然教育活动相关的书籍。现在市面上,无论是翻译国外的,还是国内出版的有关自然教育活动的书籍都很多。下文介绍几本。

《与孩子共享自然》是一本风靡世界、深受几代人喜爱的"自然教育圣经",也是自然之友倾力推荐的优秀精选读物。作者约瑟夫·康奈尔是当今世界最负盛名的自然教育家。他将自己对自然敏锐的感悟力和热爱之情,倾注在了户外教育活动中,以游戏的方式把孩子们带进奇妙的大自然,体验自然的纯美,共同分享自然的乐趣。这本书的自然教育活动共分为八个主题——亲进自然、你能看见多少、自然平衡、学习是一种乐趣、玩耍与发现、观察和吸引动物、探索大地之心、探险。每个主题都有5~12个自然教育活动游戏。这些游戏现在已经成为世界各地各个机构开展自然教育活动的主要参考活动。

约瑟夫·康奈尔另一本引领自然教育的书籍是《自然,是最好的老师》。康奈尔以第一人称的语气,写出了美国"国家公园之父"约翰·缪尔与自然相处的一生。书中强烈表达了缪尔对大自然的热爱之情,并以此激励世界各地的人们,以实际行动,走进大自然,然后参与到保护大自然的事业中来。

《儿童自然教育活动指南》由帕蒂·博恩·塞利女士所著,肖凤秋和尚涵予翻译。塞利女士是学前教育和小学教育专家,她有自己的教育咨询公司,也在哈姆莱大学和明尼苏达州立大都会大学做兼职教师,对学前及小学教师进行自然和环境教育及科学教育。她这本书中的自然教育活动是针对3~8岁儿童的,也就是幼儿园到小学二年级阶段。书中的自然教育活动都是跟这个年龄段的孩子成长相关的——探索自然，有关垃圾的节约、重复使用、回收再利用，食物，无处不在的水，身边的空气，天气，气候，能源，室内环境和儿童健康，在教学活动中体现绿色环保理念。这些主题能帮助幼儿园和小学低年级的孩子在观察和生活中认识自然环境以及人类对环境的影响。

《我爱泥巴》是一本指导亲子共度趣味周末的自然教育活动指导之书。作者詹妮弗·沃德按照一年四季的差异，创作了52个有趣、操作简单的自然教育活动。这本书不仅仅是让孩子们乐在大自然，也让家长在与孩子的共处中渐渐了解大自然。孩子和家长一起，学习如何观察和欣赏最基本的自然趣味。这些趣味就来自于手沾泥、脚踏水的体验，让发现变成分享的经验。

德国的贝波儿·欧特林写了两本体验大自然的书，即《户外探险指南》和《放大杯中探索》。

《户外探险指南》主要是有关户外生存技巧的书籍，内容包括在户外以及黑夜中辨认方位、不用打火机怎样生火、寻找水源、露天煮食、可吃的野果和野菜、帆布帐篷的搭建、野营场所的铺设、大自然的工具、野外急救护理等，基本上户外探险的方方面面都有所涉及。《放大杯中探索》主要是写通过随身携带的昆虫放大杯观察各种小型动物。放大杯就是在一个塑料杯上盖上一个带气孔的放大镜。把小型动物特别是昆虫放进去，动物无法逃走，孩子们就可以通过盖子上的放大镜观察它们。书中采用自然笔记的方法，先介绍一些常见小动物的基本知识，然后留出空白让孩子们做观察记录。

现在很多自然机构都开展了夜游活动。德国作家芭尔贝尔·奥弗特林撰写的《大自然的夜空》一书，介绍了夜游大自然要准备的装备有哪些；关于星座有哪些体验活动；关于太阳系里的行星有哪些有趣的体验；夜空中还有哪些不寻常的现象。

《365个科学游戏（自然篇）》是一本荣获美国亲子媒体奖的书籍。作者伊丽莎白·舍伍德根据《美国国家科学教育标准》编写，所以里面的自然教育活动都有明确的学习标准，例如，在"数树叶，侧面积"游戏中，实现的科学内容标准是"比较不同的观察结果"；在"搜颜色"活动中，实现的科学内容标准是"运用感官观察"；"我们的画板石"体验中，实现的科学内容标准是"寻找不同的方法解决困难或解答问题"。书中每个自然教育活动都写出了科学内容标准、科学过程技能、实施过程、事宜场地、拓展思考问题、语言和读写能力的培养、动作技能的发展等方面。

《带孩子去森林》是一本培养孩子野外生存技能、人际交往能力和自信心的宝典，由英国作家彼特·洪顿和珍妮·沃伦共同创作，刘海静翻译。这本书是英国森林学校的经典指导性读物。这本书有26个自然教育活动，主要分为四类——户外游戏（包括旅程杖、老鹰寻宝等，帮助孩子们接近自然、探索自然）；手工创作（如小小弓箭手、神奇魔法棒等，教会孩子们用从大自然中找到的天然材料进行手工创作，鼓励他们表达自然的创意和灵感）；户外生存（既教会孩子们如何搭建帐篷、在野外采集食物等具体技能，也能唤起他们对大自然的归属感与敬畏感）；集体游戏（帮助孩子们通过动物侦探、生命之网、贪睡熊等游戏，学会协作与沟通，根据自身特点在集体中找到最适合自己的定位，并在无形中拉近与其他小伙伴之间的距离）。

德国的自然教育非常发达，巴尔贝尔·奥弗特林的《森林发现之旅》是一本了解和探索森林的好书。书中既有介绍森林知识的各种常见的问题，也有一些探索小贴士，非常实用。书中对森林的发现主要包括三个方面——路边的发现（路边常见的动物）、泥土和落叶堆里的发现（泥土和落叶里常见的动物）和从树干到树冠的发现（树以及树上的生命）。在"树木"这一主题里，书中列出了孩子们常常问的问题"为什么秋天树叶会变黄？""树木到了秋天为什么会落叶？"，探索小贴士的自然教育活动案例是"测量树高"和"倾听树汁流动的声音"。

《生命的四季——华德福学校的植物课》是由英国生物学家玛格丽特·科洪和艺术教育学家阿克塞尔·埃瓦尔德合著的介绍华德福学校植物课的书籍。书中对植物的探索主要是按照四季的时间顺序，通过观察一些常见植物，采用笔记大自然的方法了解大自然植物的变化。

英国自然教育作家杰米·安布罗斯等人撰写的《DK儿童自然探索百科》是一本非常适合自然教育指导师读的优秀读本。书中按照天气、森林、鸟类、海滨四个主题，编写了222个自然教育主题活动。书中图文并茂，不仅有活动指南，更重要的是每个自然教育活动的知识点都写得清清楚楚。这样每个自然教育活动的活动主题和知识背景都交代的很详细。有些地方甚至用图画展示了主要的知识点，如飓风剖面图、天气图等。这些图表不仅让自然教育活动指导师能很快明白活动的知识点，也能直接将这些图表用于现场教学。所以，这本书对自然教育指导师而言是简单明了、通俗易懂的指导性读物。

《大自然是最好的课堂》是由韩国郑真姬女士撰写，王佳翻译的一本好书。书籍以郑真姬作为妈妈的身份，写出如何在大自然中培养孩子的真实过程。书中的内容和插图跟日常生活很接近。书中的自然教育活动分为三个部分——"与散步途中遇到的小朋友一起玩耍""在游乐场和公园里玩的游戏""身边的树丛游戏"。这些自然教育活动都是生活在城市里的小孩可以与家长一起进行的游戏。这本书里的自然教育活动特别适合亲子开展，而且对场地也没有太多要求。

中国台湾自然教育的著名学者、台湾师范大学周儒教授著有《自然是最好的学校——台湾环境教育实践》一书。书中详细介绍了中国台湾自然教育的发展历程以及一些著名环境学习中心的实践方案，如台湾二格山和东眼山自然教育中心的常态性活动套装和主题活动等。

《自然体验教育活动指南》介绍了国外一些国家公园、自然学校和景区的自然教育活动案例，如美国黄石国家公园、日本 Whole Earth 自然学校、索洛文尼亚皮夫卡季节性湖泊自然公园等。书中也介绍了北京和中国香港、中国台湾比较成功的特色活动，如北京西山国家森林公园、香港湿地公园、台湾二格山自然中心。书中还将一些普通的自然教育活动分为三种类型——常见五感体验型活动、常见手工创作型活动和常见场地实践型活动。

《自然教育操作手册》是国家体育总局青少年体育司和中国登山协会组织编写的有关营地活动的书籍。书中把自然教育活动分为六类——感官类自然教育实践、自然手工坊、自然游戏、自然测量、环境观测与考察和农耕体验。这本书中每个类型的体验活动都举了 3~20 个不等的例子。每个案例都包括体验目标、适合对象、活动时间、活动道具和活动方法。这些例子非常适合我国的孩子在野外开展，具有典型性。

除了国家体育总局出版了有关自然教育活动的书籍，国家环境保护部宣传教育中心也组织力量出版了《国内外环境教育基地典型案例汇编》。书中汇集了多种类型教育基地的自然教育活动案例，如自然公园、城市与郊野公园、博物馆、科技馆、环境学习中心、环境保护设施、环境友好型企业、生态农业园、大型工程和其他项目等。这些案例既有国外的，如美国黄石公园、日本京都市环保活动中心、澳大利亚湿地环境教育中心，也有国内的典型案例，如中国台湾桃园县东眼山自然教育中心、杭州西溪湿地公园、北京排水科普馆等。总之，这本书列出的自然教育活动类型非常丰富，不同类型的机构都包括在内。

《气候变化教学活动教师指南》是环境保护部宣传教育中心和美国环保协会编译的指导中学生开展有关气候变化的活动指南。书中既有科学知识又有活动指导，所有内容都是有关气候变化的，主要分为五个章节——什么是气候变化、气候变化的原因、气候变化对生态系统的影响、从社会与文化视角看待气候变化和我能做什么。每一章节都会详细介绍科学背景知识，与课程标准的衔接以及教学建议。

《深度自然游戏》是自然教育支付约瑟夫·康奈尔最新力作，凝练了他40年自然教育理念和实践的精华，精选出18个好玩有趣、简单易行的深度自然游戏。他在书中主要利用"心流学习法"的核心理念，介绍了如何从一般游戏进入深度游戏。

《幼儿园自然教育活动指导手册1》是一本关注幼儿园阶段儿童自然教育的书籍。书中主要介绍了体验式的自然教育教学方法，通过北欧国家一些自然教育实践，展示了如何让幼儿园年龄段的孩子通过多种感官探索周围的自然环境，与自然建立认知与情感上的连接。

这些书籍能够为自然教育指导师提供活动内容参考以及指导，是指导师成长路上的好帮手。自然教育指导师既可以效仿这些自然教育活动及其进行过程，也可以在此基础上根据自己的资源优势，进行创新和发挥。

3.1.2 教育学和课程论的知识

教育是改变这个世界最重要与最值得的投资。自然教育指导师需要熟悉体验学习活动的教育理论和课程理论，并拥有与课堂科目相关的生态学、地理学等知识。

自然教育活动作为一种体验学习的方式，不仅是在学习的过程中学习知识，更重要的是"学习学习的方法"。体验学习法的基本概念就是让学生能主动地去学习，掌握学习的方法，并将体验学习型的行动模式运用到日常的生活实践中去。体验学习的过程如图3-1所示。

(1) 规划(plan)

在自然教育活动学习开始之前，首先要做一份自然教育活动的规划。在规划中明确体验的意义和目的，以及各体验活动的安排顺序和时长。没有规划的自然教育活动是没有主旨的，像一盘散沙，收效甚微。体验规划最好用一系列自然教育活动表进行归纳和整理，这样既有条例，又方便取用。每一

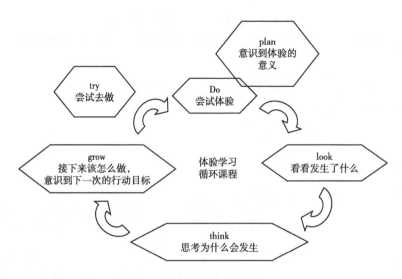

图 3-1 体验学习的过程

个自然教育活动,都将其制作成一张自然教育活动表,表中包括活动名称、活动编号、活动目标(知识目标、情感和态度目标、行为目标)、活动对象、活动时间、活动道具、活动内容、注意事项、参考资料和改进措施等内容,见表3-1所列。

表 3-1　自然教育活动表

活动名称:		
活动编号:		
活动目标	知识目标	
	情感和态度目标	
	行为目标	
活动对象		
活动时间		
活动道具		
活动内容		
注意事项		
参考资料		
改进措施		

表 3-2 大自然寻宝自然教育活动表

活动名称：		大自然寻宝
活动编号：		1
活动目标	知识目标	了解大自然的动植物和无机环境
	情感和态度目标	大自然真是丰富多彩，很神奇
	行为目标	保护大自然的一草一木
活动对象		小学生
活动时间		1 小时
活动道具		寻宝清单
活动内容		(1) 考察在自然活动体验场所的动植物和自然环境的特点，将这些事物的名称有选择地制作在一张寻宝清单上，如一片绿色的树叶、一块鹅卵石、一根小木棒、一片黄色的花瓣等； (2) 将寻宝单发给参与者并告诉他们自然教育活动的区域和路线以及安全注意事项，清单上的物品可以根据年龄特征进行种类和数量的调整； (3) 在活动时间结束后，每个人展示自己寻找到的宝贝； (4) 对于大家都很难找到的宝贝，指导师要带领大家仔细再查找一次
注意事项		不要写太容易和太难找到的事物，可以是抽象的事物，如光滑的东西、粗糙的东西
参考资料		《自然教育操作手册》
改进措施		根据实际情况填写

表 3-2 是一份自然教育活动的表格案例。

(2) 尝试体验 (do)

规划好的自然教育活动，只是理想的状态，在实践操作过程中还会有各种状况出现。因此，自然教育活动指导师要对自然教育活动进行预体验。在预体验过程中，感受环境对活动有什么影响，如阳光、温度、风向和风力、坡度、植被状况等。同时，活动中哪些细小的环节没有注意到？有没有安全隐患？时间是不是拖延得太长？衔接承转有没有不顺畅？准备的教学用具有没有瑕疵？这些问题都能在尝试体验这个环节得到进一步的改进。

即便经过预体验的自然教育活动，在实际操作过程中仍然有很多地方需要改进。指导师不要害怕自己规划的活动不完美，尝试自己的新活动时，要把握主要内容和时间节奏，整体协调各方因素。

(3) 回顾 (look)

一个自然教育活动如果没有回顾这个环节，很可能就会变成一个纯娱乐的游戏而已。参与者只是做,但是却不知道为什么要做?体验背后的意义是什么?因此,在自然教育活动回顾体验中意识到的东西非常重要。在活动结束时,每个参与者要在团队中分享学习过程中收获的东西。在这个阶段,指导师要引导参与者思考活动中发生了什么?谁做了什么事情?

(4)反思(think)

在收集整合回顾的信息后,指导师要引导参与者想想为什么会发生这样的结果?让他们去主动分析自身和集体的问题点。成功和失败都是值得所有参与者分析的。人们在不断总结中发现问题,总结经验,然后才能进步。有的时候,参与者甚至对于失败懊恼不已,希望再一次尝试。如果有时间,指导师可以让他们再经过思考后尝试一次。有的时候,参与者会因为成功而兴趣大增,想要更进一步挑战。指导师这时候,可以鼓励参与者在活动后自己回去尝试,或者下次再来的时候,为他们准备更深入的体验内容。

(5)成长(grow)

在活动的最后,自然教育指导师要引导参与者活用反思中得到的东西,为了自己的成长,尝试的具体行动。在这次体验学习的基础上设立具体的行动目标,参与者可以尝试着去实践和成长。很多环境教育学家和心理学家都发现自然教育活动能让参与者的环境友好行为更加积极。例如,菲什贝恩(Fishbeinn)等认为,要使公众形成负责任的环境行为,要利用认知心理学的理论,把环境负责任行为的形成过程看成是"认知—情感—态度—行为倾向"这样一个过程。斯特恩(Stern)等指出,环境教育项目的两个主要目标就是增强环境知识,最终形成对自然积极的环境态度和负责任的行为。西尔维娅(Silvia Collado)等研究了儿童参加自然教育活动夏令营对其情感、认知和行为的影响,发现通过夏令营,孩子们与大自然长时间接触有利于促进孩子与自然的亲近感和对生态的认知,这两者都有利于孩子们形成环境友好行为倾向。罗伊(Roy Ballantyne)等通过研究发现在非正规学习环境中的自由选择学习体验活动能够有利于游客的环境可持续态度和行为;而在游客回到生活场景中,如果能够提供一些帮助他们行为改变的资源,他们的环境可持续行为倾向就能变成真正的行动。他们通过对昆士兰环境教育中心项目的研究发现,在自然环境中基于体验活动的学习能加强学生环境态度和行为。

这些研究都证明,自然教育活动会增加参与者的环境知识、对自然环境的友善情感,从而促使他们形成积极的环境态度,最终在日常生活和工作中养成环境友好的行为，成为一个真正的环境行为友好的人。但是，公众在生活中要如何具体去实施环境友好行为呢？具体的行为指导需要指导师给予正确的引导，例如，参与者知道了垃圾分类有助于改善环境质量和减少资源消耗，但是，生活垃圾该如何分类呢？这就需要指导师告诉参与者哪些是干垃圾、湿垃圾、可回收垃圾、有毒有害垃圾。通过参与自然教育活动，参与者都了解到要节约每一滴水和每一度电，但是生活和工作中要怎么做呢？指导师就要指出一些生活中节水节电的方法，例如，如何洗手、如何给手机充电、如何有效使用电脑、电器等。大家参加保护野生动物主题的活动后，会选择不食用任何野生动物，不购买任何野生动物制品。

(6) 尝试去做（try）

自然教育指导师要让参与者在日常生活中尝试去做一些环境友好行为，把学习所得用到生活中去。同时，参与者由于参与这次自然教育活动学会去观察自然环境的神奇之处，从而产生想要再次参与自然教育活动的期待。因为他们对自然产生了浓厚的兴趣，对自身的环境安全和环境健康更加关注。由此，自然教育活动又开始了一个新的循环。

3.2 自然教育活动运营管理能力

自然教育指导师的运营管理能力对于活动的顺利完成起到了关键作用。所以，自然教育指导师不能仅仅只会规划一些自然教育活动，还需要结合这些活动，协调场地、人员和合作单位。

3.2.1 活动场地的协调

有些自然教育活动是单日的，而有些自然教育活动则是多日的，如日本的自然学校很多活动都是多日的。一旦要参与多日的自然教育活动就涉及住宿问题。一些公园或景点的住宿可能安排在附近的宾馆或者酒店，而一些自然学校、环境教育中心或者露营地则有专门为自然教育活动准备的宿舍。这些宿舍一般简单、干净、设计环保。

大部分的自然教育活动都是根据活动场地的特点来设计的。森林类型、湿地类型、海洋类型、草原与荒漠类型的自然景区和动植物园以及各类博物馆开展自然教育活动的资源条件和方法是不同的。同一类型的自然教育活动地，在不同季节、不同气候条件下的活动场地也会有所变化。因此，自然教育活动指导师要根据活动场地的现实情况规划和调整自然教育活动，在活动前要进行场地预约、整理和为特殊活动做准备，如农业体验活动就要根据农作物的生长情况确定体验的时间和方式。一些热门的风景名胜区或者博物馆的自然体验活动要提前预约。上海自然博物馆内有一个非常大的自然探索场地，活动种类也非富多样。为了工作人员有效地准备和开展自然教育活动，那里的活动都是要提前预约的。

3.2.2 活动工作人员的协调

自然教育指导师是自然教育活动的灵魂人物，负责整个活动的进程。但是，根据2016年全国自然教育行业调查报告，自然教育机构所面临的困难中，人才缺口占最大的比例，达到75.71%，也就是说自然教育活动是缺乏优秀的指导师的。自然教育机构全职员工人数调查中，全职员工数量在3~5人的自然教育机构数量最多，占28%；其次是1~2人，占27%；再者为6~10人，占25%；全职员工人数在10~20人或20人以上的机构数量很少，只占11%和3%；6%的自然教育机构还没有全职员工。以上可以看出，对于庞大数量的自然教育活动参与者来说，中国非常缺乏专业的自然教育指导师。针对全职员工的不足，很多自然教育机构的解决方式是招聘非全职员工。从对全国的自然教育机构的调查可以看出，拥有兼职员工的机构数量最多，占73%；其次为志愿者，占66%；再者为实习生，占42%。

根据这些调查数据发现，我国的自然教育指导师严重不足。行业中相当一部分工作是由兼职人员和志愿者来承担。这就意味着，一个自然教育活动项目需要根据活动特点和兼职时间、志愿服务时间协调指导师的调配。项目负责人还要有应急预案，以防有指导师不能来参与活动，其他人能尽快顶上去，完成指导任务。所以，根据目前我国自然教育行业指导师的缺乏现状，活动过程中人员的协调就非常重要了。自然教育指导师有时候还需要其他人辅助，那么就会涉及更多的工作人员。这些工作人员对于活动的顺利完成也是十分重要的，需要提前协调组织好。

3.2.3 参与学校、活动场地、指导师之间的协调

对于学校集体参加的自然教育活动，指导师要提前与校方沟通活动时间、人数、年级和安全要求。完成这些资料的收集后，指导师制定出一份完整的自然教

育活动方案。在制定方案的过程中，指导师要与学校的科学老师、生物老师和地理老师等相关老师合作，探讨活动的科学性和适宜性。当指导师完成整个方案后，要提交给学校方面进行最终讨论和确定。经过这样一个多次协商的过程，合作双方都对自然教育活动有高度认同，因此，在活动前，双方能做相应的准备。学校老师可以在课堂上对自然教育活动中用到的知识进行提前预习，这样自然教育指导师在开展活动时，参与者理解起来会很快，活动也不会耽误太多时间。双方的及时沟通和协调非常重要，有利于自然教育活动的顺利开展。有时候，在自然教育活动中，科学老师和其他相关老师由于对活动内容和过程很了解，还能当指导师的助手，使得整个体验活动与学校的正常教学相联系，而且活动过程也紧凑。

3.3 自然教育活动指导能力

3.3.1 让参与者学会自力更生

自然教育指导师需要记住的是在活动过程中要让参与者学会自力更生。自然教育活动指导师要尽量激发参与者的各种潜能，把任务分配下去后，由参与者自己决定完成任务的方法和责任分配。例如，在野外做饭的环节，参与者自己分配工作任务，哪些人负责摘菜、洗菜、做菜、洗碗、收拾等。即便菜切的不好看，菜做的不好吃，指导师都不要插手，因为这是让参与者成长的过程。特别是在一些创意手工的活动过程中，每个参与者的创意都应该被尊重。指导师不要过度指导，以至于毁掉参与者的创造性思维和创作热情。如有孩子制作的小鸟是一只全身漆黑的乌鸦，没有其他缤纷的色彩，但是这也是他的作品，他在大自然中看到鸟的真实样子。而且，只要孩子们自己觉得喜欢，并且满意自己的作品就达到了自然体验的效果。

3.3.2 自然教育活动的指导方法

自然教育活动不仅仅是自然知识的学习过程，它同时也是一个与人沟通相处的重要机会。参与者要在活动过程中养成结交伙伴、亲近自然和喜好学习的良好品格。参与者学会在活动中与他人商量、探讨、合作才能顺利完成本组的任务。

这个过程中，参与者会与其他人接触、沟通，从而交到新的朋友。

通过在自然环境中的体验活动，参与者得到第一手的体验感受，通过自己的观察、尝试和动手制作，大自然的奥秘被一层层解开。这个探索过程，参与者得到发现新事物的喜悦，满足了对大自然的好奇心。随着对大自然知识的深入了解，参与者知道了大自然各种动植物和非生物环境之间的相互联系。有了这些深入了解后，他们对自然环境就会更加关注和呵护。

图3-2　香港龙虎山郊野公园环境教育中心指导师带领学员参观生机池

自然教育活动是不同于正规学校教育的非正规教育活动，教学环境更加生动、教学方法更加多样和活泼，所以参与者的积极性更高。自然教育指导师要抓住参与者的这个心理，把自然教育活动变为一次没有负担的快乐学习过程。自然教育指导师要通过多种解说媒介和体验方式，使得自然教育活动充满愉快的氛围。这些解说媒介包括讲座、视频、高科技展示等，体验方式包括五感体验、艺术欣赏和创作、科学实验、研究项目、角色扮演、文艺表演、实地参观、徒步旅行等。这些丰富多样的媒介和活动方式能极大提高参与者的积极性，让他们了解到真正的大自然是什么样子的（图3-2）。

3.3.3　熟悉安全管理技能

自然教育指导师要对本次自然教育活动中可能存在的危险因素进行评估和判断，提前做好防范措施，并在体验规划表格中罗列出来。同时，在预体验过程中指导师要留意安全管理方面的漏洞，如果还有不足之处，要加入体验规划表格中。即便在正式的自然教育活动中，还有可能出现一些意想不到的情况，指导师要尽量避免和尽快处理，并且在下一次这类活动中改进。

自然教育指导师还需要具备最基本的急救知识，以防出现意外情况时，可以及时救助参与者。

总而言之，在活动过程中，自然教育指导师要整体把握整个活动团队的情况。自然教育指导师有这样一个成长过程：认识→能做到→能够教。同时，自然教育指导师还要尽量避开危险因素，并及时处理事故。

3.4 自然教育活动中的沟通交流能力

3.4.1 沟通交流技巧

在自然教育活动体验过程中，自然教育指导师需要掌握一些沟通交流的技巧才能使活动顺利开展并达到活动目标。以下10条沟通技巧是经实践证明非常有用的方法。

(1) 赞同和附和

自然教育指导师要对参与者的表现和发表的正确观点予以赞同和鼓励，有的时候甚至要附和他们的观点。这样做的结果就是，参与者觉得自然教育指导师是在关注他们的想法，并且自己的设想也是在正确的路径上的。自然教育指导师的赞同和附和会激发参与者的热情，从而更进一步投入到自然教育活动中去。

(2) 反复

自然教育指导师重复参与者的话，或者用自己的语言重复参与者的构想，都表明自然教育指导师在倾听参与者的心声，并且尊重他人的想法。反复的技巧不是完全一字不差地重复参与者的话，而是自然教育指导师用自己的语言把参与者的想法再一次表达出来。这个反复的过程表明自然教育指导师理解参与者在想什么和干什么。这样做不仅可以确定内容本身，也是一个双方深入理解的过程，同时也有助于承认对方的发言，传达和善的信息。在重复的时候，自然教育指导师不需要夹杂其他东西，只要重复对方的发言就好。

①可以重复词尾　有的时候不能想起整句话，自然教育指导师可以重复一句话中最后的几个词，这样比较容易记忆和重复。

②重复关键词　在发言者较长的发言内容中，自然教育指导师重复一些关键词也表明自己倾听了所有内容。这些关键词可以串起发言的大部分内容。

③用自己的语言做适当简要的概况　当不能完全记住发言者的原话时，自然教育指导师可以把自己听到后的理解或感受用自己的语言进行言简意赅地整理后与发言者进行交流。这样也表明自然教育指导师一直在听，而且听懂了发言者的主要意思。

（3）倾听

倾听是一项重要的沟通技巧，因为它可以带来安心和信赖感。自然教育指导师只有耐心地倾听参与者的观点、想法、诉求、抱怨，才能知道参与者心里想的是什么、自然教育活动有没有顺利地进行。同时，自然教育指导师乐于倾听他人，尊重他人。

一般听到别人的意见后，通常会出现三种情况：第一，说教、说服；第二，无视别人的意见，侃侃而谈；第三，说出自己的想法。

每个人自然而然地只对自己感兴趣的东西去努力倾听。因此，自然教育指导师要下意识努力去倾听。参与者能信任自然教育指导师的原因，很多时候是因为自然教育指导师倾听的姿势，不管他们说什么自然教育指导师都在倾听。

在自然教育活动中，自然教育指导师要营造大家都能安心发言的氛围。在这样的氛围中，彼此之间才能互相倾听。积极的倾听是指"努力去理解对方的话，有意识地去倾听"。因此，积极倾听不仅仅是耳朵的听，更需要用心听。那么，怎样才是积极倾听呢？积极倾听包括以下五个方面：

①在两个层次上集中精力去倾听　第一，发言内容本身；第二，这个背景下面隐藏的东西(感情、心理要素、想法、态度)。

②读取非语言信息　第一，语调：抑扬、速度、语调、节奏……第二，表情：视线、口角变化、鼻腔、脸色……第三，态度：身体语言、行为、行动、姿势……

③对话题持有兴趣，努力去尝试听懂　不要完全否定或者抗拒说话人的内容，要试着去感受他人的态度和内容以及热情。有了这种想法后，自然教育指导师就会觉得话题慢慢变得有趣了。

④发送暗示等告诉对方自己在倾听　要让发言人察觉自然教育指导师的倾听，因此，要有一些暗示的姿势，如适当的视线对视、点头、简要发言、附和……

⑤不要判断，只需要理解　自然教育指导师在倾听的时候不要对内容做评价，因为每个人对同一种自然或者社会现象的看法有其自身的独特视角。同时，指导师也不要持有成见，擅自解释。自然教育指导师不明白的地方，可以有请发言人做进一步说明。这样不仅表明自然教育指导师在认真倾听，而且还非常尊重发言人的想法。

（4）观察

自然教育指导师在整个体验活动中，要善于观察。他们观察参与者时，主要需要留意以下方面：

①生活态度　包括：让参与者掌握基本的生活习惯；学会自理；讲礼貌、掌握礼节规范；遵守活动准则。

②性格　包括：能够积极行动；开朗，精神面貌好；文静，积极与人交往；可以静下来，学会倾听；行动比较粗犷，一直很焦虑；能够注意细节；擅自行动；集中做一件事情。

③协调性　包括：和不认识的队员能很好地相处；发挥领导力；能够体谅、照顾其他队友；能认真对待自己在团队中的责任；能站在他人的角度思考问题。

④积极性、思考力　包括：对任何事情都有兴趣并努力去做；在一直思考，想出很多主意；不管做什么都保持了努力去挑战的姿势。

（5）明确意思

有的时候参与者的表达是比较零碎和冗长的，他们经常急于想在群体中展现自己，所以语言表达有时候是语无伦次，特别是年龄较小的孩子们。这个时候就需要自然教育指导师将参与者的观点表达得更明确一些，让周围的人知道他们想说的是什么。

（6）简要

一个讨论结束以后，或者一次自然教育活动结束以后，自然教育指导师要用简明扼要的语言归纳和总结讨论的最终结果或者自然教育活动的收获是什么。通过这个归纳的过程，参与者那些发散的思维能收回来，让参与者明白花了这么长的时间，大家得到的结论是什么、收获是什么。

（7）沉默

当让集体思考，周边变得很安静的时候，作为自然教育指导师会不由自主地去发言。要注意的是，沉默的时间也很宝贵，我们要耐得住沉默。等10秒，再等5秒，肯定会有人发言的。

在自然活动时间控制范围内，要尽量鼓励参与者发言，而不是自己滔滔不绝。如果自然教育指导师把参与者的观察结果和所有答案自己说出来，就听不到发言者的话了。因此，在自然教育活动中，自然教育指导师不要多说话。

(8) 引导

在自然教育活动的实际情况中,自然教育指导师一味地听或者一味地提问并不能彻底解决问题或者达到体验目标。为了整合引导交流的方向,自然教育指导师需要发挥抛砖引玉的作用。为了达成这个目的,自然教育指导师需要掌握如何"柔软"地表现自己的主张。这些方法包括使用问题、将"我们"作为主语、不针对人,只针对问题(表3-3)。

表3-3　自然教育活动问题引导表

1. 使用问题		
(1) 把陈述句改为疑问句		
我是这样想的	→	是不是也可以这样想啊?
你是错的	→	可能是不是错的呢?
漏了这个观点吧	→	你没有觉得漏掉了这个观点了吗?
(2) 使用开放性问题		
不是应该这样做吗?	→	你们觉得应该怎么做呢?
(3) 不完全的提问		
不是应该这样做吗?	→	可能这样做是不是效果更好呢?
2. 将"我们"作为主语		
这之后打算怎么做?	→	这之后我们应该怎么做呢?
3. 不针对人,只针对内容		
为什么失败了呢?	→	是什么导致失败的呢?

(9) 共鸣

参加自然教育活动,不能只看某一位参与者是否有所收获,其目的是要尽可能多的参与者,最好是所有参与者对保护大自然、爱护环境产生共鸣。这样才能促进全民族的共同进步。产生共鸣的方法就是自然教育指导师要让所有参与者都明白大自然的环境与每个人的生存和发展都息息相关。

(10) 提问

自然教育指导师提问的方式有两种,一种是开放性的问题,一种是封闭性的问题(表3-4)。开放性的问题能扩大思考的范围,封闭性的问题能缩小思考的范围。如何选择问题的种类呢?要根据场合和目的,巧妙地结合这两种问题。

表 3-4　自然教育活动提问分类表

种类	开放性的问题	封闭性问题
定义	没有明确答案的问题，对方可以自由回答	"是/不是"等对方的回答是限制性的问题
使用情况	· 当需要很多信息的时候 · 想让对方思考的时候 · 想让发言和想法多种多样的时候 · 想深度地挖掘发言和想法的时候	· 对方一直难以表达的时候 · 有答案和论点的时候 · 发言论点比较模糊的时候 · 不得不判断的时候 · 确认理解是否有一致意见的时候
案例	· "我想听听大家的想法" · "原因出在哪里呢？" · "具体是怎么一回事呢？" · "这个时候谁可以帮助解决这个问题呢？" · "你们未来会有什么行动计划呢？"	· "可以采用这个想法吗？" · "你们觉得原因是出在领导身上吗？" · "具体有没有考虑到这个事例呢？" · "你们觉得这样就可以解决问题了是吧？" · "这是一个人可以完成的吗？" · "你刚才说了……是吧？"

有的时候一些开放性的问题，能激发参与者无限的想象力和激情。参与者甚至会提出连自然教育指导师都没有想到的方法或者观点。例如，关于校园节水的措施，自然教育指导师就可以提出开放性的问题，让学生们想一想有哪些校园节水的方法？这样的问题没有唯一标准答案。每个学生都可以从自己在校园生活的实际情况和感受来提出自己的建议。其他的沟通还有解释、保证、沉默、冲突等。

3.4.2　服装

自然教育指导师要注意自己的着装。一般情况下，如果是在户外，自然教育指导师最好穿户外运动服，这样既能保护自己的皮肤，又能方便地引领参与者开展各种活动。在一些有民族特色的地方，自然教育指导师也可以身着民族特色服装进行引导，但是要注意活动自如和保护自己。自然教育指导师还要在开展活动前，跟参与者沟通好，要准备什么的服装，才方便参加活动。自然教育指导师还可以穿所在机构的制服，这样参与者在需要各种帮助的时候很方便找到他/她。深圳梧桐山国家森林公园的自然教育指导师都统一着装以便参加活动的学员能很快辨认出他们（图3-3）。

图 3-3 深圳梧桐山国家森林公园的自然教育指导师身穿公园制服在指导学生

有的自然教育机构准备更充分,不但给自然教育指导师配置了统一的着装,而且还给参加活动的学员准备了标志性的服饰。这样自然教育指导师也能方便地找到自己的学员,有效地把他们控制在自己的视线范围内活动,以确保活动的安全和有效。如无痕中国在全国各地的自然教育活动都为所有指导师和学员准备了印有机构标志的绿马甲,如图 3-4 所示。

图 3-4 无痕中国的自然指导师和学员都穿有"无痕中国"标记的绿马甲

有的机构甚至还精心准备了小旗帜，方便参与者迅速找到指导老师。无痕中国的小旗帜就非常醒目，如图 3-5 所示。

图 3-5　无痕中国的小旗帜

3.5　自然教育指导师未来的努力方向

自然教育指导师是一个新兴的职业，需要从业者在理论的指导下，从实践中摸索经验、提升自己。上文中提到的指导师能力要求和指导会帮助他们成为一个合格的从业者。但是，仅仅掌握上面一些引导技巧还是不够的，未来他们努力的方向还包括以下方面：

①对交流的内容进行归纳，使大家产生共鸣。
②以大家共鸣的方式来进行分享。
③倾听大家的发言。
④向发言者传达自己听到了内容，让他感受到自己的倾听和理解。
⑤提出促进发言积极性的问题。
⑥给更多的人发言的机会。
⑦对那些模棱两可的发言进行挖掘，使其明确。
⑧记录自己的一些感受和需要进步的地方。

自然教育指导师如果想要更上一层楼，就要积累经验。想要成为更好的引导者，经历不同的体验活动很重要，经历即经验。

自然教育指导师要说："今天要注意这一点……"，每次集中于一两点进行挑战。

自然教育指导师不仅仅需要提升表面性的能力，更要提升意识，这些意识包括以下方面：

①虽然只是协助者，但是要以主导者的姿态和大家互动。

②根据当时的场所、灵活地处理各种情况。

③始终要注意双向的交流。

④不要谈及评价他人的言语。

⑤公平对待，以中立的态度来引导交流。

⑥尊重多样性，尊重个性。

⑦能够读懂"场合"，随机应变。

⑧直面对立的时候也要忍耐着推进。

第4章
自然教育项目设计

4.1　自然教育项目和活动的关系与区别

所谓自然教育项目(program)，是指为了一定自然教育目的开展的一系列活动，是时间、场所、人、活动内容的整体组织，是一个比较大的概念。

所谓自然教育活动(activity)，是指几十分钟到几个小时内完成的有节点的活动(有些练习时间较长的登山、拉力赛或者航行例外)。活动是具体的一个游戏、一场讲座、一次劳动等，是一个具体和相对小的概念。

项目就是把各种各样的活动在一定时间内按照一定的自然体验目的和目标组合起来。

4.2　自然教育项目的组织构造

自然教育项目需要经过精心的设计，才能达到体验目标。一个自然教育项目包括活动策划和项目管理两个部分(图4-1)。项目管理又包括风险管理和运营管理。一系列的活动是完成项目目标的重要组成部分，如活动1、活动2、活动3等。通过活动的递进和转接，参与者逐渐了解项目的主题。例如，有关茶叶基地的自然教育项目，包括一系列有关茶的活动——采茶、选茶、炒茶、装茶、品茶等；有关荷花的自然教育项目，包括赏花、画花、朗诵荷花的诗歌、品荷花茶等。我国三江源国家公园为公园访客提供的5~7日的自然教育项目中，包括雪豹追踪、野生动物夜巡、水鸟监测、高原奇花导赏、黄河源生物多样性与自然生境解密、生态管护员体验、星座识别和野生动植物摄影等活动。湖南西洞庭湿地开展的自然教育项目"梦雨鸟飞行——我的西洞庭湿地环保科考报告"的活动有观察须浮鸥抚育幼雏、崖沙燕归巢、团队协作完成西洞庭底栖生物调查、渔民生活真体验、参观

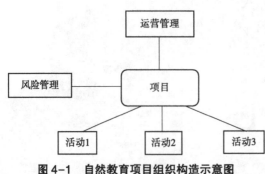

图4-1　自然教育项目组织构造示意图

湿地科普展示馆和学习鸟类观察和拍摄方法等。

4.3 自然教育项目设计

4.3.1 考虑因素

自然教育项目设计是在一定时间段内把各种活动按照主旨表达整合起来。一般在设计自然教育项目时需要考虑的要素有：适合的指导者(谁)；日期和时间(什么时候)；场所(在哪里)；参加者(针对谁)；项目的内容(做什么)；项目的展开方法(怎么样)。

以上六点要素，自然教育项目设计者最好采用图表的方式来表达。这样条理会更清晰，项目管理起来效率也会更高。

4.3.2 策划过程

自然教育项目设计者要注意策划和计划是不同的概念。计划是指"谁、什么时候、在哪里、干什么"。策划是要其中加入"为什么"这个因素。策划的重要之处就在于从"做什么"到"为什么这么做"的过程。

自然教育项目设计者不去深入思考，策划是无法开展的。那么自然教育项目策划者思考的问题有哪些呢？

问题1——你想在这次行程中做什么？

问题2——自己的想法是否和主办方的想法一致？

问题3——社会需要的是什么？(可持续发展的社会，社会需要什么样的人才)

自然教育项目策划理念是指导项目进行的指导思想，因此，策划者要思考以下几个方面：

①贯穿这次自然教育项目的基本想法是什么？

②面向周边工作人员和参与者，项目需要共同的口号。这也是项目策划者应该重视的一点。

③想要传达的东西有没有用清晰的语言整理好？

④大家聚集在一起，作为社会的个体，我们要做的是传达社会需要的东西，

对社会发展有意义的东西。

一个自然教育项目的策划流程可以用一个简单的公式表达如下：

想法(idea) + 市场分析(marketing) + 可行性分析(potential) = 理念(concept)

想法——自然体验主办方或者参与方想要体验什么？例如，湿地生态、水的循环利用、大熊猫的保育、预防自然灾害、濒危野生动植物、雾霾、树叶、桃花、海盐、热带植物、候鸟、高原植物、冰川变化等。

市场分析——这个自然教育项目的主要参与者是谁？自然教育项目策划者要细分市场，是体验地周围的中小学生、亲子团体、大学生、本城市休闲居民、还是公司员工？市场分析有助于开发针对性较强的自然教育项目。

可行性分析——手头资源，包括人才、自然、地域历史文化、组织、资金，既要考虑优势资源，也要分析如何弥补劣势资源。

理念——自然教育项目的指导方针，例如，一次有关水循环的自然教育项目，要传达的理念就是"水是十分珍贵的资源，要节约用水"。

为了让活动能有效进行，自然教育活动负责人在策划、准备、运营、确认的过程中需要合理组织、高效运营管理。自然教育项目的管理包括三个方面：

(1) 活动管理

为了完成一个自然教育项目，需要策划一系列的活动，这些活动的内容、时间、教具都需要提前准备好，同时还要注意活动之间的承接关系和递进关系。例如，自然教育机构"在地自然"与昆明动物博物馆合作了一个滇金丝猴的项目。两家机构要根据项目需要，合理安排博物馆展厅、标本和实验设备、活动时间、授课教师等细节，以确保这个项目能顺利进行。

(2) 业务管理

对于一个好的项目，或者说受欢迎的项目，自然教育策划者要将其推广到更多的受众中去，让更多的参与者受益。如果一些项目存在一些不足之处，策划者要根据参与者的反馈进行改进，不断完善项目的活动和安排。好的自然教育项目，可以推广到类似的自然环境中开展，如湿地的自然体验活动可以推广到与水有关的自然教育活动中。

(3) 组织管理

一个项目的组织管理非常重要，因为即使再好的项目主题和活动创意，没有良好的组织管理，都不能发挥它们的作用。组织管理包括项目的负责人、指导师、活动的流程和时间控制、安全管理、时间管理等。一个项目的组织管理是顺利完成项目任务的后勤保障。

4.4 自然教育目的和目标

所有自然教育项目都要有教育目的和目标，但并不是说必须要百分之百达成。如果自然教育项目策划者只是一味地把达成教育目标当成活动目的，而没有采取有效的运营管理方式，那么项目本身的目的就会消失得无影无踪。因此，在活动过程中，自然教育指导师要注意参与者每一小点的进步，并予以鼓励。

目的和目标是两个程度不同的词语。"目的"指较远的东西，是比较大的宏观的概念；"目标"是不同阶段的小指导，比较微观。因此，目的是对所期望发生的事情做出的一个概括性的表述，但这种表述通常并不很具体，也不可衡量。例如，让参与者了解我国沿海海盐资源，让参与者知道湿地的作用等。自然教育项目设计者不会在确定目的上花很多的时间，而是把时间用在制定项目的明确目标上。自然教育项目的目标是可衡量的。

4.5 自然教育项目的质量

自然教育项目的质量好坏有不同的表现。有的自然教育项目看起来大家玩得很开心，可是教育目标却没有达到，只有热闹而已。根据以往的自然教育实践，一般来讲，质量不佳的自然教育有如下特征：

①马赛克一样——只是活动的拼凑，没有主旨。

②只是追求快乐的项目——活动只有娱乐性，没有教育意义，没有达成自然教育目标。

③只是限于某个场地的项目——活动范围非常小，活动形式比较单调。

质量优质的自然教育项目是一些具有诱导性的项目。在这些项目中，自然教育指导师不要把活动的技巧和结果全都告诉参加者，要让参加者自己去思考。

自然教育指导师时刻要记住，参与者才是自然教育项目的主体，要充分调动他们的积极性，让他们主动去观察、思考并且尝试解决问题。

4.6 自然教育项目组织

自然教育项目中的活动不是随意安排，而是按照一定的内容要求和逻辑以及场地情况而精心策划的。活动和活动之间要自然过渡，而不是显得生硬和有隔断。以下组织方式有助于自然教育项目设计者将各个活动有序地进行安排：

起承转接——慢慢让学员熟悉环境，活动由易到难。

破冰——互相认识、互相信任、互相分享感想。

项目本身——体现主旨和目标的活动。

回顾和分享——问一些开放性的问题，如"这次体验活动不足之处在哪里？""这次体验活动还有什么更好的玩法？"

评价——对项目本身的评价，包括参加者评价和自我评价。

自然教育指导师在组织项目时要重视以下四个方面：

(1) 理解项目的主旨

在所有自然教育项目中，如果将注意力集中于整个项目或服务的一个主题上，并且以许多不同的方法来表达或诠释这一主题，会得到更好的效果。所有的自然教育项目都必须要有主旨，也就是来沟通的一个特别信息。主旨是一个自然体验活动策划者想要参与者了解而且吸收的陈述。就这个原则而言，主旨即为"整体"。主旨式自然教育项目的另一项好处是，根据研究显示，人们会记得主旨而忘记了事实。当自然教育活动一开始时，人们就知道主旨，则注意力会加强，他们会了解更多也会记住更多，如洋湖湿地公园淡水鱼的主题活动，就鼓励参与者仔细观察水族箱中的长江流域的几种常见淡水鱼，然后请他们画下这些鱼的外形特征。如果主旨没有被表达出来，注意力、了解程度及记忆力就会减弱(图4-2)。

图4-2 学员在洋湖湿地公园观察淡水鱼

主旨可以帮助自然教育项目设计者组织活动，向参与者表达你想要他们记住的概念。举例来说，一个自然教育机构可能计划在夏日引领一场野外花卉观赏远足。这是一个很宽泛的课题，足以支撑若干不同的主题。指导师可能计划通过此次远足使参加者们明白：不同的花朵利用不同的手段来吸引给它们授粉的昆虫；或者花朵的开放时间有其自身的秘密等。它们展现了不同的信息链，并用一种观点或概念作为对花朵的理解。主旨可以协助项目设计者归总并编辑大量的材料，确定向参与者表述的中心是什么，而不是仅仅给他们零碎的内容。因此，主旨应该有以下特征：

①用完整句表述。
②包括一个主要观点。
③展示项目的主要内容。
④尽可能地有趣。
⑤尽可能地详细。

(2) 理解参与者

自然教育项目设计者要尽可能地收集参与者信息，包括规模、各种社会经济背景资料。

(3) 理解项目开展的场所

自然教育项目设计者要尽可能地收集有关项目开展场所相关的自然资源、历史文化资源信息。例如，在深圳梧桐山国家森林公园，有很多植物是广东人爱喝的凉茶食材。因此，公园的自然教育指导师就带领深圳市的孩子们认识他们喝的凉茶是公园里的哪些植物(图 4-3)。

图 4-3　深圳梧桐山国家森林公园指导师让学员认识梧桐山上的广东凉茶

(4) 理解工作人员

自然教育指导师明确参与自然体验工作人员的职责、能力、特征。

4.7 案例

本书重点介绍几个不同类型的自然教育项目，包括自然教育基地项目、自然教育探究考察项目、自然学校活动项目。

中南林业科技大学旅游学院为广东省深圳市梧桐山国家森林公园做了一个自然教育项目。该项目组根据梧桐山国家森林公园的资源状况和地理位置特征，挖掘了植物、动物、气象、地质和水域五大主题。每个主题的活动策划包括游客自己游览所需的资源解说牌以及游客参与自然体验活动的游戏策划两个部分。另外，还有自然体验的设施设计，不再赘述。

案例1：深圳梧桐山国家森林公园自然教育项目

目录

第一部分　总体思路

1. 思维导图
2. 课程任务
3. 课程类型

第二部分　活动策划——神奇生物在哪里

1. 春之歌：神奇植物在哪里
2. 夏之曲：神奇动物在哪里
3. 秋之旋：神奇气象在哪里
4. 冬之律：神奇石头在哪里
5. 番外篇：神奇池塘在哪里

第一部分

1. 思维导图

思维导图
Contents

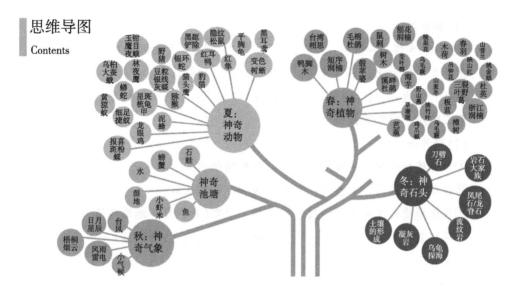

2. 课程任务

2.1 学习方法

采用流水学习法,将整个课程分为"唤醒热情""自然实践""沉淀感悟"三个阶段,鼓励兴趣、培养专注力、养成总结习惯。

2.2 6类课程+23项技能GET+39个课本知识点

涵盖知识点学习、兴趣及行为习惯等各项技能培训,加入DIY等形式。

2.3 科考任务书

涵盖地质、植物、动物不同方面的任务项,进行观测、采样、分析、记录等不同任务形式,分类简单、具有不同难度系数的科考手册。

2.4 行为塑造

强调活动后的自省,塑造品行。

3. 课程类型

第一阶段:唤醒热情

(1)任务类

①地质科考队开营式——技能:科考常识、安全防卫、童军步伐。

②科考任务书及森林公园观测点地图发布会——技能:地图识别+工具使用。

③科考称号颁奖仪式——技能:荣誉。

(2)游戏类

①生命金字塔——技能：社交、团队协作(知识点：生物链、生态保护重要性)。

②野生动物大比拼——技能：社交、观察、动物认知。

③搭树游戏——技能：社交、团队协作(知识点：树木的构造)。

第二阶段：野外实践

(1)野外采样类

①目标植物采集——技能：采样、观察植物认知。

②目标动物采集——技能：观察、采样、动物认知。

③目标地质水文采集——技能：采样、观察(知识点：地质构造、成因)。

④环境素描写生——技能：观察、绘画(知识点：生态群落)。

⑤声音采集——技能：专注。

(2)生存活动类

①生存行动——技能：观察、足迹与追踪。

②自然常识——技能：辨别方向观测天气、测量测绘。

③耐力训练——技能：徒步。

(3)高手类(非标)

野外宿营——技能：搭建，安全防卫。

第三阶段：沉淀感悟

(1)科学实验类

①神奇池塘的秘密——技能：水质检测(知识点：酸碱度)。

②自然的礼物——技能：标本制作、拓染(知识点：植物认知)。

③实验记录(完成科考任务书)——技能：科学记录。

(2)行为塑造类

①环保卫士(主动回收垃圾)——技能：德行。

②感恩者(给父母/朋友制作礼物)——技能：德行。

③交友达人(记住朋友名字最多的)——技能：社交。

第二部分：活动策划——神奇生物在哪里

1. 春之歌：神奇植物在哪里

活动一：森林里找拼音字母

时间：沿路收集，不做特别安排

教具：拼音字母表、自然教育手册、铅笔

形式：个人

适合年级：所有年级

课本知识点链接：拼音、字母

主要内容：

①自然教育指导师手持拼音字母表。

②请小朋友们在森林里找与汉语拼音相似的自然物，并在自然教育手册上记录下发现的数量。

活动二：大自然的图形

场地：沿路收集，在活动空间总结、创作

时间：30分钟

教具：自然教育手册、铅笔、画笔

形式：个人

适合年级：1~4年级

课本知识点链接：数学多边形

主要内容：

①自然教育指导师展示自然界中不同形状的事物(圆形和椭圆形的石头、方形的山体等)。

②请小朋友们观察、列举看到的形状。

③指导小朋友们用这些形状在自然教育手册上画画。

活动三：叶子王国

时间：30分钟

教具：采集袋、自然教育手册、透明胶

形式：3人一组

适合年级：1~4年级

课本知识点链接：科学(森林里的植物)、美术

主要内容：

①自然教育指导师把小朋友们分成4组，带着小朋友们捡拾植物叶子，指导小朋友们把叶子分类。

②小朋友们比一比哪一组捡的种类最多。

③请小朋友们观察不同形状的叶子和同一株植物上的叶子有什么不同，讲解梧桐山常见叶子的形状特征。

④鼓励小朋友们用不同的叶子打比方，看看不同的叶子像我们生活里的哪种物品。

⑤小朋友们把不同形状的叶子贴在自然教育手册上做标本。

活动四：画一半树叶

时间：30分钟

教具：树叶、剪刀、夹纸板、固体胶、铅笔、画笔

形式：个人

适合年级：所有年级

课本知识点链接：美术

主要内容：

①自然教育指导师让小朋友们选一张最喜欢的树叶，然后帮助小朋友们将树叶剪成两半，把一半粘在白纸上。

②请小朋友们观察这一半叶子的形状和叶脉特征。

③让小朋友们用画笔补完另一半，也可以用这一半叶子做创意画。

活动五：树叶拼画/字

时间：30分钟

教具：树叶、剪刀、夹纸板、固体胶

形式：个人

适合年级：5~6年级

课本知识点链接：美术

主要内容：

①自然教育指导师请小朋友们选一些不同颜色和形状的树叶。

②鼓励小朋友们通过折叠、裁剪、拼接这些树叶创作一幅画。

③请小朋友们用固体胶小心地把画贴在自然教育手册上。

活动六：森林五感体验

场地：沿路收集，不做特别安排

时间：10分钟左右/处，共50分钟
形式：个人
适合年级：所有年级
主要内容：
自然教育指导师引导小朋友们仔细观察蕨类叶片形状，听石蛙、小鸟和猕猴的叫声，闻一闻叶子和苔藓的味道，摸一摸树叶、苔藓。

2. 夏之曲：神奇动物在哪里

活动一：寻找昆虫的色彩
时间：30分钟
教具：自然教育手册、彩笔
形式：个人
适合年级：1~4年级
课本知识链接点：美术(色彩)
主要内容：
①自然教育指导师展示不同颜色的昆虫(红黄蓝青靛紫)。
②请小朋友们观察、列举看到的颜色。
③然后指导孩子们用这些形状在自然教育。
手册上画画，如画一幅色彩斑斓的昆虫世界。

活动二：一起来分类
时间：30分钟
器材：放大镜、昆虫标本、昆虫图片
形式：个人
适合年级：5~6年级
课本知识链接点：科学(微小的世界)
主要内容：
①一起去梧桐山寻找昆虫，自然教育指导师用放大镜示范观察，说明注意事项。
②请孩子们用放大镜观察，引导总结昆虫的特征。
③讲解昆虫分辨口诀，让小朋友们背一背。
④拿出动物图片让小朋友们辨认这些动物是不是昆虫。

活动三：奔跑的蜗牛

时间：40分钟

教具：自然教育手册、彩笔、铅笔

形式：个人

适合年级：1~4年级

课本知识链接点：一年级《小蜗牛》

主要内容：

①自然教育指导师介绍蜗牛的一些基本知识。

②让小朋友们去找一找蜗牛，并且观察蜗牛的爬行。

③请小朋友们画一画蜗牛。

活动四：观鸟课堂

通过观看影像资料、实时监控，聆听科普人员的介绍，初步了解鸟的知识，培养观鸟兴趣。学习观鸟的基础知识，如望远镜的使用方法、观鸟过程中注意事项等。

活动五：鸟类模仿秀

通过模仿鸟类的声音、行为等，让伙伴猜测所模仿的鸟类名称。

器材：鸟类鸣叫录音、鸟类行为解说牌、音箱设备

活动六：给小鸟搭个窝

利用自然材料、线、纸等物品，给自己喜欢的鸟类建一个适合它们居住的家。

人员：志愿者

器材：干草、枯树枝等

3. 秋之旋：神奇气象在哪里

活动一：空气温湿度检测

时间：30分钟

形式：3人1组

适合年级：5~6年级

课本知识点链接：科学课程(认识空气)

教具：空气温湿度计(3人带1个)

主要内容：

①出发之前测试一下室内温度，然后自然教育指导师带领3人1组，在进行空气温湿度的测试。

②小朋友将温湿度计从背包中拿出，跟着指导师的教学步骤进行温湿度测试。

③将测试数据记录在自然教育手册上。

活动二：小小气象员

形式：集体

适合年级：5~6年级

课本知识点链接：自然科学

教具：纸板解说词

主要内容：

①自然教育指导师将简单的天气预报稿给小朋友。

②指导师指导小朋友如何做一个小小气象员。

③请小朋友一个个上台介绍天气。

活动三：天气表情控

形式：集体

适合年级：1~4年级

课本知识点链接：自然科学

教具：图片

主要内容：

①自然教育指导师在背包中拿出各种天气的图片。

②请其中一个小朋友根据图片用自己的表情表达天气。

③其他小朋友猜一猜小朋友表演的表情表达的是什么天气。

活动四：星座大侦探

形式：集体

适合年级：所有年级

课本知识点链接：自然科学

教具：星座图片

主要内容：

①自然教育指导师将已经准备好的星座图片给小朋友看。

②带领小朋友找到天空中的星座。

③指导师指导找到的星座名称及相关知识。

活动五：星星故事会

形式：集体

适合年级：1~4年级

课本知识点链接：自然科学

教具：故事书

主要内容：

①自然教育指导师给小朋友讲解关于星星的故事。

②小朋友给其他小朋友和指导师讲解自己听说过的关于星星的故事。

4. 冬之律：神奇石头在哪里

活动一：觅石小分队

时间：20分钟

形式：个体

适合年级：1~4年级

课本知识点链接：科学（认识几种常见的岩石）

教具：收集袋、自然教育手册

主要内容：

①每个小朋友在自然教育指导师的带领下，在路边收集两块小石头。

②在自然教育手册上面拓印小石头纹理与形状。

③将小石头放置收集袋。

活动二：小石子变形记

形式：集体

适合年级：所有年级

教具：小石头

主要内容：

①自然教育指导师在黑板上摆放动物的图片。

②小朋友按照指导师要求，先3人一组，一起拼简单的手脚等，之后6人1组，拼成其中一个动物。

③将小石头放置收集袋。

活动三：球球上的动物世界

形式：个人

适合年级：1~4年级

教具：小石头、水彩、画笔、参照版

主要内容：

①自然教育指导师在黑板上摆放排名前十动漫中的各种动物图片。

②小朋友按照指导师要求，参照黑板上的动物图片在小石子上进行绘画。

③指导师指导，并不定期邀请绘画大师到科学实验室进行绘画指导。

④风干，指导师进行拍照，将作品放置礼品盒保存。

活动4：探寻行走的小石子

时间：20分钟

适合年级：所有年级

课本知识点链接：水土流失

教具：碎石、水、水瓶

主要内容：

①在指定地点，自然教育指导师先让小朋友观察，哪里树长得比较多，哪里树长得比较少。

②指导师在树比较少的区域拾拣很小的石子与一手泥土。

③取一瓶水倒在刚刚拾捡的小石子与泥巴区域，观察到小石子和泥土都有位置变化。

④告诉小朋友这就是行走的石子，即水土流失的实验，所以要保护森林植被。

5. 番外篇：神奇池塘在哪里

活动一：水质检测

形式：集体

适合年级：5~6年级

教具：水(用小水瓶在池塘取3试管水)、pH试纸、比色卡

主要内容：

①将自然教育指导师带领在池塘取的水置于烧杯中。

②辅讲指导师分发pH试纸每人1张。

③自然教育指导师示范并带领小朋友将试纸一个一个地浸入各个水杯中，5秒后拿出试纸。

④将试纸上的颜色与比色卡上的颜色进行对比，查看各水中的pH值，将实验数据记录在自然教育手册指定页中。

活动二：水温检测

形式：集体

适合年级：5~6年级

教具：水温测试计(3人1个)

主要内容：

①自然教育指导师带领3人1组。

②指导师将温度计置于水中5秒，拿起，提问小组小朋友水温计上的数字是多少。

③将实验数据记录在自然教育手册上。

活动三：和石蛙比一比

形式：个人

适合年级：所有年级

教具：粉笔、卷尺

主要内容：

①自然教育指导师在地上标出石蛙跳跃的距离，让小朋友们跳一跳，比较自己和石蛙跳跃的距离。

②一起唱一首歌，和石蛙比一比歌喉。

③指导师教孩子们折纸石蛙。

案例2：北京市第八中学　内蒙古资源枯竭型城市转型环境修复科学考察项目

项目名称：内蒙古资源枯竭型城市转型环境修复科学考察

项目对象：北京市第八中学高一学生

①高一年级学生有一定的知识基础。初中已经开设历史、地理、生物等课程，学习到政治、经济、文化相关的知识。高一年级在相应的课程中有了更为深入的学习。成长于信息时代的学生，可以从很多途径获取知识，建构自己的知识系统。

②什么是资源，什么是资源枯竭，城市为什么要转型，为什么要发展新兴产业，为什么要种植芳香植物……所有的知识都可以从书上找到，但是从课本上学习知识，更多是"纸上得来终觉浅，方知此事需躬行"，需要更多"读万卷书，行万里路"的体验式学习。

③城市学生需要集体生活。现在的学生，大部分是独生子女，上学去学校，放学回家，缺少真正的集体生活经历。开展研学旅行活动，可以为学生提供为期一周的与同学、老师朝夕相处的机会，可以极大培养同学情谊，同时增进学生处理人际关系的能力。

项目目标：

①知识与技能　通过对乌海市、包头市石拐矿区的生态学考察，以及矿区修复后生物多样性及环境因素的实地研究，引导学生学习与环境科学、可持续发展相关的知识，掌握生态学科学的研究方法，深入了解沙漠地区生物多样的特性。

②过程和方法　在做中学，通过科学实践了解知识，通过调查研究了解社会，通过行万里路的方式，增加人生体验，丰富人生阅历；通过研学旅行活动，做到知识的多学科相互交叉(历史、社会调研、政治经济、地理、生物、生态、环保、天文)，同时做到多种能力的融会贯通(科学探究能力、动手实践能力、领导力及团队协作能力、批判性思维能力)；进一步加强青少年的科学探究能力的培养，提升青少年的科学素养及科学创新能力。

③情感态度价值观　培养团队生活和团队协作的意识，培养独立生活能力；学以致用，认识到科学研究的巨大价值，树立伟大的人生理想，同时增强生态保

护意识。

项目策划：

在中国科学院植物研究所石雷研究员和内蒙古乌海市及包头市石拐区政府的支持下，我校拟定于2016年8月11~17日，组织高一年级8、9科技素质班学生前往内蒙古乌海市及包头市进行7天的主题为"资源枯竭型城市生态转型环境修复科学考察"的活动。此次活动旨在通过对乌海市及包头市石拐矿区的生态学考察，以及矿区修复后生物多样性及环境因素的实地研究，一方面，引导学生学习与环境科学、可持续发展相关的知识，掌握生态学科学的研究方法，深入了解半干旱地区生物多样的特性；另一方面，让同学们树立生态的意识，从而推动国家生态文明的发展。此次活动内容丰富，既有分小组科学研究体验，又融入了人文教育（了解煤炭矿区的时代变迁、矿山修复、拓展训练、团队合作）及环保教育（参与环境保护活动等）。

项目内容及实施：

行程一　乌海——第三批资源枯竭型城市（第1~4天）

乌海市位于内蒙古自治区西南部，是国家"一五"时期布局的煤炭基地之一，乌海市境内资源富集，素以"乌金之海"著称。20世纪50年代后期，随着包兰铁路的开通和包钢等国家重点项目的建设，乌海作为煤炭资源富集地区开始大规模建设，累计动用煤炭储量14亿吨、产煤7亿吨、发电750亿度、上缴税费200多亿元，为国家建设做出了突出贡献。

2011年11月，乌海市被列为国家第三批资源枯竭型城市。在国家转型政策的大力支持下，乌海市以经济转型、城市转型为核心，加快转变发展方式，深入推进产业结构调整，努力构建循环产业体系，全力打造区域中心城市，打好经济转型、城市转型、民生改善三个攻坚战，城市发展动力进一步增强，生态环境明显改善，人民生活水平稳步提高，转型发展取得阶段性成效。

活动一：参观考察——对资源枯竭型城市的直观认知（第1天）

参观考察地点分别为煤炭博物馆、乌海湖、书法博物馆。

乌海煤炭博物馆象征着乌海的过去和今天。博物馆主体建筑共三层，其中，一、二层为展厅部分，三层为办公室及附属用房，建筑外型为矿物晶体形形状。乌海煤炭博物馆围绕一个中心、两条主线、三个重点、六大部分布展，是一座以反映半个世纪以来，乌海煤炭工业的发展历史，以及在这一历程中煤炭工人所表现出"创业、奉献、争先"的乌海精神,即太阳神精神的专题性博物馆。

乌海湖象征着乌海的今天和明天,是黄河海勃湾水利枢纽建成后,于2013年12月底蓄水形成,总面积达118平方千米。乌海湖地处风景区的核心位置,北接水利枢纽大坝,西接乌兰布和沙漠,南接黄河乌海段上段河道,东临乌海市滨河景观带,远处还有甘德尔山脉,丰富的景观与平静如镜的湖水融为一体。有了乌海湖,乌海从此以水为魂谋划城市发展,过去是做"乌"字,即煤炭的文章,未来要在继续做好传统产业的基础上,做好乌海湖的"海"字文章。从"乌"到"海"的转变,是乌海这座工业城市向文化旅游城市、绿色城市迈进的足迹。根据规划,乌海的人口正向城区、湖区集中,环乌海湖的滨河新区着力发展三产和现代服务业,未来这里将成为自治区西部区域的高端服务区。

书法博物馆象征着乌海人的精神世界。2008年9月10日,乌海市被中国书法协会命名为"中国书法城",这是继安阳、开封、临沂、绍兴、苏州、徐州六个"中国书法名城"之后,又一"中国书法城"。乌海当代中国书法馆建筑面积7.6万平方米,整个建筑地上四层,地下一层,同时建有22万平方米的书法广场。书法馆在系统展示中国书法发展史的基础上,重点收藏陈列中华人民共和国成立以来当代中国书法名家名作,并同时建立书法名家档案,全力打造集书法展示、鉴赏、教育、培训、交流为一体的书法主题馆。

活动二:开营仪式及专题讲座——实验探究活动的开篇(第1天)
1. 乌海市海勃湾区政府/教育管理部门致欢迎词
2. 北京市第八中学活动负责人发言
3. 中国科学院植物所活动负责人发言
4. 北京市第八中学学生代表发言
5. 中国科学院植物所主讲指导师授课
课程(1):寒旱矿区生态状况及其人工修复
课程(2):乌海生态环境中的科学问题和基本研究方法
6. 安排活动事项:分组、发放记录表等

活动三:矿区修复及生态环境科学考察及科学考察汇报(第2~4天)
第2天,驱车前往高山草甸、荒滩地带,分组开展科学研究。第3天,驱车前往人民公园等地，分组开展科学研究。第4天上午，研究成果分组汇报交流。

高山草甸景区位于海勃湾区的南端、甘德尔山的东侧，路线全长4.85千米，其中：2.29千米穿越四合木保护区，2.56千米利用河槽一侧的自然路修建，上山台阶450米，停车场1000平方米。高山草甸物种丰富，风景优美。

乌海湖及荒滩地带是乌海市另外一种重要生态环境类型。为干燥的乌海带来水源的同时，在沙漠、风沙、盐碱的综合作用下，也形成了面积广大的荒滩地带。乌海湖是湿地公园，湿地公园与盐碱荒滩并存，是当地一个特点。

科学考察与科学汇报是内蒙古研学旅行的核心所在，研学旅行是以旅行为载体的研究性学习，无论湿地还是荒滩，都是行走的课堂。从指导师角度，除了本校校长、科技教育办公室主任、年级组长、班主任，更有中国科学院植物研究所石磊研究员所率领的第一线第一流科研团队。从行程内容讲，无论是参观还是游览，所有的活动都围绕着一个中心：资源枯竭型城市生态科学考察。从学生行动看，走出学校大门之后迎来的不仅仅是玩乐，更多的大巴上、荒地上、烈日下、青灯下的持续学习，是跟随科研人员所开展的基础性科学事件研究，是为了将两天科研内容融合到一个幻灯片中而熬夜的辛苦。

行程二　包头市石拐区——第三批资源枯竭城市（第5～6天）

石拐区是内蒙古自治区包头市的一个市辖区，石拐是蒙古语"什桂图"的音译，其意为"有森林的地方"，是包头市的主要煤炭、陶瓷原料基地和重要的旅游景区。2011年国家发展改革委、国土资源部和财政部按照《国务院关于促进资源型城市可持续发展的若干意见》的要求，将石拐区确定为第三批资源枯竭城市。

为整体推进石拐地区经济转型和生态修复工作，石拐区政府与中国科学院植物研究所深入合作，采取了很多开创性的措施。中国科学院植物所走进石拐区3年来，石拐区发生了很多变化，包括资源集成、规模化繁育、评价体系建立、试验示范的环境修复植物资源筛选及快繁技术研究与示范工作正在高效推进，同时作为未来产业孵化器的工程中心的主体建设也正在紧锣密鼓地进行。

活动四：参观五当召景区，石拐旧城区现场考察，新城区街头调研

走进五当召景区，游览当地人文景观，沿途行经丁香谷，观察植被修复情况。走进石拐新旧城区，通过实地考察、调查问卷、街头走访等方式，了解石拐区经济转型和生态修复的现状。无论是采访街头民众还是政府官员，对于同学们沟通能力与表达能力来说都是一次很好的锻炼。同学们在此过程中听到的各种声

音，也对政府规划城市所面临的问题与挑战有了更多的了解。

转型中的石拐：石拐区党委和政府及时确定了《石拐区资源枯竭地区转型规划》，确定了石拐区今后的发展定位为"生态立区、科学发展、富民兴区"，将石拐南部区规范为"什桂图新区"，老区规范为"老工业区"，五当召规范为"五当召生态旅游区"。为了促进资源枯竭地区生态环境项目的顺利进行，石拐区政府与中国科学院植物研究所签订了"半干旱区域资源枯竭型地区环境修复植物资源筛选及快繁技术研究与示范"合作协议，计划共同建立半干旱区域资源枯竭型地区"环境修复植物资源开发工程实验室"。旧城区如何"旧"，脱离矿产支撑的生活如何艰难，新城区如何"新"，依靠新兴产业的生活如何幸福，需要同学们用眼睛去看，用脑去思考。

五当召与丁香谷：五当召与丁香谷变化的背后是中国科学院植物研究所石雷团队多年的结晶。项目共引进物种475种，其中，90%的物种为第一次引入，涵盖环境修复、景观美化、芳香经济等三大功能。其中，以串铃草和灌木亚菊为代表的本土环境修复植物，以萱草、鸢尾、蓍草为代表的宿根景观草本及以品种丁香为代表的耐旱景观灌木，以猫薄荷、柠檬荆芥和藿香等为代表的芳香经济作物都表现出突出的适应性。同时，在2015年秋季至2016年，着重开展乡土物种的高效集成工作。项目保存的大量引进和乡土的功能性物种，为五当召景区的沿途建设提供了坚实的资源支撑。

活动五：闭营仪式及学习成果交流分享(第6天)

每个组从其感兴趣的角度，对受访者的意见进行归纳与总结，并在此基础上进行思考，提出自己的观点与想法，为石拐城市发展出言献策。设计组同学也通过发挥美术特长以及在种子资源库了解到的植物特性，对玛尼墙对面山坡进行美化设计。不仅起到美化作用，也结合了当地藏传佛教的文化特色，使人耳目一新。

项目反思：

①这是一次探索，从专家团队选择、考察地点选择、行程设计、课程设计，到飞机、火车、汽车上的每一个细节，都是探索。所有的行程，都是学校老师与指导师团队一点一点敲定。所有的细节，都经过一遍一遍预先模拟。

②这是优秀团队与优秀团队之间开诚布公、相互协作的结果，同样怀抱着让高中生认识世界的美好想法，把所有的困难都当作共同目标，一起协商，一起克服。

③这是一场不能避免变数的行程，从反复确定的专家因突发事件离开，到临

时改变考察地点和内容。如何应对因不可抗拒的力量所带来的变数，既考验两个团队的应变能力，更影响着学生的学习体验。有了困难不害怕，有了变数直面改变，寻求当下最佳的应对途径，而不是怨天尤人，相互抱怨。不是不能出意外，出意外需有合适的办法及时应对。

④这是充满着乐趣和智慧火花的行程。因为住处出现虫子的问题，引发了全体参与的捉虫比赛，让同学轻松克服对虫子的恐惧；因为未曾预料到的内蒙古的灿烂星空，同学们自发组织观星活动，留下了美好的人生记忆。

⑤我们也深深意识到团队的重要性，要整个团队团结一致，所有人一样的心思、一样的想法。出了问题就去沟通，沟通完了就去解决。

⑥我们非常感谢优秀的指导师团队，在科考的全过程中，与学生吃住一起，全身心投入到指导学生的工作里，在科考活动结束之后，主动要求为学生提供科研课题指导。在指导师的指导下，多名学生返校之后完成了课题论文写作，并获得联合国环境署中国青少年环境论坛等多个环境类竞赛的奖项。

案例3：北京八达岭国家森林公园自然学校自然教育活动项目

项目名称：花儿的故事

项目目标：通过引导及观察，让来访者了解植物花的结构及组成，进一步了解植物的花色、开花时间及花期长短的不同。认识先花后叶的植物，如山桃、山杏等，学习了解先花后叶现象的形成原因，唤起来访者对花草树木及自然的兴趣，并通过森林手工制作及自然游戏锻炼他们创新能力及团队合作意识。提高他们欣赏植物、热爱自然、爱护环境的意识，把环保的种子播洒进来访者的心灵。

项目特色：让来访者走进森林，观察花草树木，欣赏植物多姿多彩的花儿，亲身体验探索自然界植物开花的奥秘。引导来访者在探索过程中运用分类、观察等技能，了解植物花的结构、花色、花期等相关知识。激发参与者对自然界花草树木的热爱之情，激发其探索周围世界，了解周围世界的愿望，使其能发自内心地去喜欢森林，欣赏自然，爱护环境。

项目时间：4.5小时

适合年龄段：小学三年级至初中三年级

活动人数：20人以内

工作人员：主讲1名、助教1名、安全员1名

活动准备：放大镜、记录纸张、木质小圆牌、线绳、小剪刀、空白书签、双

面胶、彩笔、干花材料、剪刀、压模机、塑封膜等。

项目设置：

①制作自然名牌，讲述我和自然名的故事。(30分钟)

②破冰游戏，猜猜我是谁？(30分钟)

③参观森林体验馆，着重介绍第二展厅——花的结构、杏花盛开电子屏、暴马丁香花的模型，寻找散发花香的器官。(50分钟)

④在进入森林前举行"敬山仪式"，倡导无痕山林，增强体验者尊重自然、爱护自然，保护环境的意识。(10分钟)

⑤走进森林，探寻植物和花儿的奥秘。沿着户外体验经引导参与者打开"五感"，通过调动视觉、听觉、嗅觉、味觉、触觉能力，观察感知自然，了解植物的奥秘。(90分钟)

⑥利用植物干花等材料，教参与者制作干花书签等手工作品。(30分钟)

⑦进行作品的展示并做最后的总结分享。让参与者谈谈参加体验活动的感想和体会，对森林和大自然的认识，今后如何做爱护森林、保护环境的小卫士等。(30分钟)

项目程序：

体验说明：

①我们践行环保理念，活动前请准备笔、笔记本等记录工具以及便携式水杯等生活用具。

②我们倡导无痕山林原则，请将自己产生的垃圾带出山林，并鼓励捡拾活动中沿途看到的别人丢弃的垃圾。

③进山活动时一定要尊重自然，感恩自然，并听从自然解说员的引导，遵守规则，注意安全，不要随意离开。

活动一：制作自然名牌，讲述我和自然名的故事

步骤：

①请准备几个事先制作好的自然名牌，给参与者展示。

②按照事先准备好的讲解内容，给来访者介绍自然名的意义。

③自然名牌制作　分发小木牌、画笔和线绳，要求参与者在小木牌正面写上自己的自然名，背面画出自然名的自然物，用线绳穿好，在身上显眼位置佩戴。

④与大家分享自己的自然名。

活动二：破冰游戏，猜猜我是谁？

步骤：

①将参与者分成两队，各队成员一对一面向站立。活动主讲人为每一个人编号，如1队队员编号为11(第1列第1排)、12(第1列第2排)……，2队队员编号为21(第2列第1排)、22(第2列第2排)……等，依此类推。

②向参与者解释活动规则并进行游戏。

活动主讲人随意说出两个人的编号，如12、23，请编号是12的体验者和编号是23的参与者分别说出对方的自然名！猜不出来的参与者做主持人，由主持人随意说出两个人的编号，如17、29，请编号17的参与者和编号是29的参与者分别说出对方的自然名，依此类推。

③通过破冰游戏，让大家尽快熟悉起来，并记住每人的自然名，在以后的活动中，都称呼彼此自然名，也实现了人与自然的初次联结。

活动三：参观八达岭森林公园体验馆

步骤：

①请按照事先准备好的讲解内容，给来访者介绍八达岭森林体验馆的展示内容。

②根据体验馆讲解内容，分发答题卡，让来访者在体验馆中寻找答案。

活动四：敬山仪式

步骤：

①选择一片平坦空旷的场地，让来访者围成一个直径5米的圆圈。

②要求来访者心怀对自然的敬畏、感恩之情，集中精力倾听自然解说员的敬山仪式引导语，并跟随自然解说员大声的说出来。

敬山仪式引导语举例：大自然是这里的主人，我们只是过客！当我们走进山林时，一定要尊重主人，用心去感受，尊重生命，感恩日月星辰，天地万物。让我们合十双手，闭上眼睛，共同感恩阳光，是他给予我们温暖；感恩空气，是他给了我们氧气；感恩泥土，是他给了我们粮食；感恩雨露，是他给了我们滋润；感恩山林，是他给了我们福祉。让我们把在山林中遇到的一切自然物都当成朋友和老师，敬畏、尊重、感恩！我们承诺不乱丢垃圾、不摘花折枝、不踩踏小草、不大声喧哗、不惊扰动物,从我做起,从现在做起,争做环保的卫士,让天更蓝、水更清、空气更清新。

活动五:走进森林,探寻森林和花儿的奥秘
步骤:
①请给每个来访者发一个放大镜,在森林中沿着事先预定好的合适的区域内徒步,引导参与者打开"五感"去认识自然,沿途寻找不同花色的植物,观察各种开花植物花朵的颜色及花冠形状。
②引导来访者认识3~5种植物;观察哪些植物是先开花,哪些植物是先长叶。
③让来访者在植物旁边静静地待上几分钟,闻一闻花香,并指出香味的来源。
④根据活动内容设置不同问题,让来访者回答并填写答题卡。
⑤总结分享,主讲人员进一步分享森林对人类的益处,提高来访者环境保护的意识。

活动六:手工制作干花书签
步骤:
①将不同颜色的干花,选1~3朵即可,不宜过多,用双面胶粘贴在空白书签自己认为合适的位置上。
②用彩笔画上植物的叶子、藤蔓、小蜜蜂、蝴蝶或太阳等,根据自己的构图而定。
③可以书写美好的诗句或签名留念。
④将绘制好的书签放入塑封膜内,用压膜机将书签塑封完成。

活动七:总结分享
在体验馆,让参与者填写《森林体验活动反馈意见卡》,以了解体验者对本次活动的满意程度、意见及建议,以便于课程设计的升级改进。
在报告厅,让每个参与谈谈自己参加森林体验活动的感谢和体会以及参加活动前后对森林及环保的不同认识。解说员可以这样问参与者:"为了让森林家园更加美丽,我们今后要怎么做呢?"

活动结束时，解说员的结语：同学们，我们今天走进八达岭森林公园，欣赏了美丽的景色、观察了奇妙的花朵、了解了森林的有趣知识，通过五感体验、自然游戏、手工创作初步认识了大自然，也建立了和自然的亲密联结。让我们学会欣赏自然、尊重自然、感恩自然、爱护自然、保护环境。我们要从现在做起，从我做起，争做环保小卫士，承诺不乱丢垃圾、不摘花折草、不踩踏小草、不大声喧哗、不惊扰动物，并把这份爱传递下去，让我们的地球家园更加美丽。

第5章
自然教育活动设计

5.1 自然教育活动设计流程

自然教育活动是自然教育最基本的单元。一个自然教育项目由很多活动串联起来。自然教育活动的设计要考虑活动场地资源情况和参与者的社会经济背景特征。但是，无论什么样的自然教育活动，都遵循一定的设计流程。一般而言，自然教育活动的设计过程如下：

①确定活动主旨和目标。
②设定在活动中发生的情况。
③选择、创作活动内容。
④活动过程中精神层面上的引导。
⑤活动过程中的后勤保障。

它们之间的关系如图 5-1 所示。

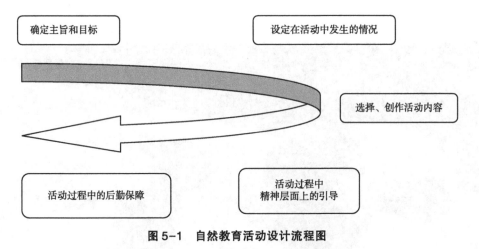

图 5-1　自然教育活动设计流程图

5.2 确定自然教育活动的主旨和目标

自然教育活动策划者确定主旨就是指明在自然教育活动过程中想要参与者学习什么或者意识到什么。例如"思考集体的价值""直面自我""意识到自己和集体的关系"等类似这样的主旨，虽然是抽象的，但是关于学习什么内容却是明确的。答案是参与者通过自然体验活动后，自己感受和意识到的东西，所以可以是多样的，如"了解某个植物园或者森林公园的树叶/某一种花/石头""本地鸟类""湿地植物""某条河流的污染情况调查""某种濒危动物栖息地的探索""风""太阳""星空""有机蔬菜""茶的历史""水利工程的利弊""水土流失"等。

策划者的活动目标不要定的太多，太多的话，实施方式和参与者的互动方式也会比较混乱。一般来说，自然教育活动目标包括知识目标、态度目标和行为目标。即：

通过……，学习到了……

通过……，意识到了……

通过……，今后要做……

这三个目标也是与学生课程教学目标——"知识与技能""过程与方法""情感·态度·价值观"相对应的。知识目标关注在自然教育活动结束后，参与者对于活动中经历的事物，能够说出名字或原理、进行举例、做出描述或者说明特点等。情感目标是"驱动力"目标。自然教育活动在参与者心中制造了一种强烈的"感受"，并能够帮助参与者出于这种"感受"而记住项目主旨，同时它还有助于行为目标的实现。它促使参与者产生惊奇、愤怒、悲伤、骄傲、内疚、担心、感动等情绪。行为目标是众多目标中最重要的。这个目标帮助活动策划者把注意力集中在一个问题上：你希望参与者体验完活动后会做什么。行为目标是"报偿"目标，并且对于多数策划者而言，它就是自然教育项目或者活动的"最终效果"。例如，在"梧桐山森林公园的凉茶食材发现之旅"这个自然教育活动中，学员通过对梧桐山森林公园一些用于制作广东凉茶植物的观察，学习到这些植物的外形特征和食用功效，然后会在生活中选择适合自己的凉茶来饮用；通过对这些植物的五感体验，意识到植物对人类的健康起到了非常重要的作用，所以不随便伤害和攀折公园里的植物（图5-2）；通过整个发现之旅的活动，学员知道保护生物多样性的重要性，因此会好好爱护身边的动植物。在"深圳梧桐山森林公园的森林阅享会"这个自然教育活动中，学员通过与自然教育指导师共同阅读一些有关自然的文学作品，让他们了解跟森林有关的文字，激发孩子热爱大自然的情感，建立环保意识，培养孩子通过传统文化体验人与自然的紧密关系，体验写文字游戏带来的快乐（图5-3）。在"深圳梧桐山森林公园的森林奇幻记"这个自然教育活动中，学员通过对梧桐山昆虫的观察和探究活动，了解昆虫的结构和生活习性，知道昆虫是生态系统中非常重要的部分，从而让他们能够喜欢昆虫，不伤害昆虫(图5-4)。

不同自然教育机构的资源特色是不同的。想要确定自然教育活动的主旨和目标，首先就要对本机构拥有的资源进行调查。一般来讲，首先要对一个自然教育活动地的资源进行分类，分类可按照地质地貌、气候、水文、土壤、生物、天文、遗址遗迹、建筑与设施、风物、习俗等方面进行。每一个方面都可以作为一次自然教育活动的主题，如观鸟、观星、观察昆虫、赏花、赏叶、水资源调查、气候变化调查等。自然教育活动策划者也可以同时对同一个地区的各方面资源进行归纳，从整体上把握资源所在地的环境特征，如了解广东梧桐山国家森林公园的动植物和台风对深圳的影响等(图5-5)。

图5-2 深圳梧桐山国家森林公园的指导师让学员闻药草的味道

图5-3 深圳梧桐山国家森林公园的自然教育指导师与学员做森林阅享会

图5-4 深圳梧桐山森林公园自然教育指导师在制作昆虫屋寻找神秘昆虫

图5-5 深圳梧桐山国家森林公园的自然教育指导师让学员做药草的自然笔记

5.3 预设在自然教育活动中可能发生的情况

自然活动策划者要预先假设在自然教育活动中可能发生的情况，这样就能避免犯错或者发生一些事故。他们最好在自然教育活动开始前思考以下问题：

①为了达成主旨和目标，在活动中需要有什么样的状态？

有的自然教育活动需要参与者静心思考，如一些自然手工和绘画创作、观察动植物、倾听大自然的声音等活动；而有些自然教育活动则需要参与者积极活动起来，如一些需要体力的游戏活动，蒙眼毛毛虫、蝙蝠和蛾子等活动；有些自然教育活动需要参与者思维活跃，如一些讨论和角色扮演活动，古诗中的春天、我是一只狼等活动。不同的自然教育活动，需要参与者以不同的状态投入进去，才能达成最好的效果。

②为了达成自然教育的目标，需要让参与者处于怎么样的环境，需要有怎样的情绪？

不同的自然教育活动环境会带给参与者不同的感受，也会产生不同的情绪。例如一些夜游或者观星活动，参与者所处的户外夜晚自然环境就是让参与者感觉陌生和有些害怕的。一些昆虫类的观察活动，会让有些参与者感到恶心和害怕。所以，在活动开展前，自然教育指导师要尽量让参与者放下这些不良情绪和负面印象，让他们觉得大自然是美丽而神奇的。每一种自然现象和自然存在都有一定的道理和生存技巧。当自然教育指导师鼓励参与者从另一面去欣赏自然事物时，参与者就会抛弃原来的观念，接受新的想法和印象。

5.4 关于自然教育活动的选择和创作

从自然教育活动设计流程中可以看到，在确定活动目标和设定活动可能发生的状况后，自然教育活动策划者接着才选择活动内容。自然教育活动策划者在设计活动时，需要思考以下三个问题：

①自然教育活动是不是切合活动目标，是有所学习的活动？如果没有适合目标的活动，就需要对活动本身进行调整或者创作新的游戏。

②自然教育活动状态设定有没有太苛刻？

③对于活动中可能发生的情况是不是太过于主观判断？

不同的机构将自然教育活动分为不同的类别，国家体育总局青少年体育司和中国登山协会组织编写的《自然教育操作手册》中，将自然教育活动分为"感官类自然教育实践""自然手工坊""自然游戏""自然测量""环境观测与考察""农耕体验"这六大类。本书认为《自然体验教育活动指南》中的活动分类法比较适合实践活动的指导。本书根据众多资料的研究和归纳将自然教育活动分为六类——解说认识型、五感体验型、美术创作型、劳动体验型、游戏拓展型、大众参与型。每种活动类型的特征、优缺点和活动方式具体描述见表5-1所列。

表5-1 自然教育活动分类表

活动类型	特征	优缺点	活动方式	案例
解说认识型	通过自然教育指导师的讲授和展示，了解自然环境中的各组成成分及其特点和生长、生活习性	优点：增加知识储备，知识量较大，信息传递方式直接；缺点：受众被动接受大量知识，对指导师的知识储备要求较高	认识自然环境中的各组成成分，如动植物、微生物、岩石等	深圳华侨城湿地自然学校邀请湿地国际中国办事处主任陈克林举办《水鸟与湿地保护》的讲座；邀请国家林业和草原局湿地管理司一级巡视员程良举办《我国国家湿地公园的发展历程回顾及展望》的讲座
五感体验型	在自然教育指导师的带领下，受众通过自己的视觉、听觉、嗅觉、触觉和味觉五感来感受大自然的神奇	优点：受众的各个感官都被调动起来了，所以参与的主动性和趣味性增强了；缺点：对活动环境要求较高，需要准备一些活动道具	充分利用一种或几种感官来认识环境的特点	在指导师的带领下，受众戴着眼罩，穿过八达岭国家森林公园的林间小道，感受鸟叫的声音、地面的沙石、闻一闻油松的味道
美术创作型	在对大自然进行仔细的观察后，画出自然环境中的风景和事物、大自然摄影或者利用自然环境中的原材料进行手工艺术品创作	优点：因为美的东西大家都喜欢，所以这类活动能充分调动参与者的积极性，增强参与者的成就感，而且室内外都可以进行；缺点：需要提前准备美术工具和一些体验材料	将各种美术创作的手段用在自然教育活动中，如绘画、摄影、手工制作等	中国香港龙虎山郊野公园利用塑料球制作小鸟、小木棍制作小鹿的活动

(续)

活动类型	特征	优缺点	活动方式	案例
劳动体验型	体验不同环境中的劳动场景,如农耕体验、护林员体验	优点:受众能通过自己的亲身经历了解自己的食物来之不易,保护环境的工作也艰辛;缺点:对活动场地、季节、气候都有一定的要求,注意体验活动的安全问题	各种农业体验,如插秧、收割、踩水车、打稻谷等;蔬菜和水果采摘;采茶、制茶;采花和插花;野生动物救助小帮手;护林员巡逻、盐场晒盐、收盐等	湖南紫鹊界梯田景区的稻谷收割比赛;杭州茶叶博物馆的制茶体验和茶道体验、湖南农业大学"娃娃农园"等
游戏拓展型	在自然教育指导师的带领下,玩各种有趣的游戏,并从中了解大自然的秘密	优点:体验性和趣味性都非常强,参与者可以开心地玩各种游戏;缺点:有时候很多游戏只有娱乐性而没有任何知识认知成分,变成了纯粹的玩而已	游戏的自然教育活动方式非常多,如森林寻宝、找反义词、我的树等	中国科学院西双版纳植物园开发的夜游活动、模仿亚洲象游戏等
大众参与型	人数众多的活动,如大众观光、单位植树等	优点:参与人数多,覆盖面广;缺点:体验程度不深,每个人参与的时间短、机会少	观光游览、植树、登山等单位或者团体组织的活动	植树节,很多单位都去湖南浏阳大围山国家森林公园参加植树节活动;很多公司员工参观深圳繁华中心区华侨城湿地,了解都市中"绿翡翠"的生态价值和教育价值

虽然不同自然教育机构和学者对自然教育活动进行不同的分类。但是一般来讲,活动的选择和创作可以从以下三个方面考虑,第一是季节;第二是环境要素分类;第三是受众的学习或年龄阶段的认知水平。基于这些考虑因素而设计出来的自然教育活动才会突出项目主题并且是适应场所环境的。

以下列举一些不同类型自然教育活动的范例。这些范例是近几年各个自然教育机构使用率比较高的活动。当然,读者也可以自己创造有自己资源特色的活动,或者在本书列举的活动中进行改进。这里的活动仅做抛砖引玉之作用。

5.4.1 解说认识型

(1)搜索"幸运草"

活动对象:普通公众。

活动准备：相机、笔和笔记本。

活动内容：酢浆草是常见的植物。一般都是三瓣的，西方有传说如果找到四瓣的酢浆草就是找到了幸运。所以，解说员带领大家来到一片酢浆草比较集中的地区，先向大家讲述酢浆草的基本知识和幸运的传说，然后鼓励大家去寻找"幸运草"，如果找到了就用相机拍下来，并记录是在什么地方找到的。如果在这一片草地上没有找到，就再换一片草地试试。

(2) 小雨不要停

活动对象：小学生。

活动准备：雨鞋、伞。

活动内容：春季是个多雨的季节。淅淅沥沥的小雨有时会连着下一个月不停歇。这个时候森林公园也可以开展环境教育体验活动，让孩子们认识雨，以及雨跟大自然之间的关系。解说员首先在室内向孩子们解说雨是怎么形成的：雨由上升的湿润空气所形成。湿气上升，渐被冷却，空气中的水分或冷凝聚集或结成微小水滴，成为浮云。如果水气不断加大，还有凝结核，就会变成雨下来。春天是植物生长发芽的关键时期，因此，有"春雨贵如油"的说法。然后，带领孩子们打着伞走进雨里，听听雨水打在伞上的滴答声，看着雨水从别人的伞上是如何落下的。观察打在地面上的雨水是往哪个方向流的。听听雨水打在树叶上，特别是像芭蕉叶那样大而且光滑的叶子上是什么声音。伸出小手，接一点雨水，观察雨水跟我们平时看到的自来水有什么不同？

(3) 蚯蚓怎么走

活动对象：中小学生。

活动准备：铅笔、素描本。

活动内容：解说员首先解说蚯蚓的特征和习性，以及对自然环境的重要性。蚯蚓是无脊椎动物，通过皮肤呼吸，没有眼睛，但是它们对明暗和震动很敏感。它们穿梭在土壤里，为土壤的排水和氧化作用打开通道。它们吃有机物，如落叶，经过消化排放后成为土壤的一部分。它们就这样为土壤施肥，帮助土壤变得更加肥沃。解说完毕后，带领大家去户外寻找蚯蚓，观察它的外形和爬行特点并画下来，还可以模仿蚯蚓扭扭身体。

(4) 奇形怪状的叶子

活动对象：中小学生。

活动准备：铅笔、素描本、尺。

活动内容：解说员首先解说叶子是什么？叶子是植物的一个关键器官，其重要性就像心脏对人体的重要性一样。叶子是植物产生光合作用的主要场所。光合作用是一个复杂的过程：叶子利用阳光、水和二氧化碳，使它们发生作用产生葡萄糖和氧气。光合作用的结果就是植物释放出我们人类呼吸需要的氧气。叶子有两种基本类型：网状纹和平行纹。网状纹树叶有支脉，如樟树的叶子；而平行纹的叶脉都按同一个方向分布，如竹叶。

解说完毕后，带领学员去户外寻找不同的树叶，观察它们的外形。看看学员找到最多的是哪一种叶子？能不能在叶子上找到动物的痕迹？不同叶子的质感有什么不同(光滑、有蜡质层，上面或者下面有绒毛、表面或者背面凹凸不平)？不同树木的叶子尺寸有什么差异？量一量并记录下来。

(5)什么是鸟

活动对象：中小学生。

活动准备：燕子图片、翠鸟图片、骨笛、望远镜(有条件的话)。

活动内容：解说员首先解说鸟的基本知识。鸟是温血动物。所有的鸟都有翅膀、羽毛、两只腿、中空的骨骼、鸟喙，而且它们产硬壳的蛋。解说员让学员回忆课本中那些描述鸟(翠鸟、燕子)的优美句子。体会鸟的外形特点和生活习性。同时，展示骨笛的照片，告诉大家古人利用仙鹤和鹰的骨头制作笛子的历史。同时，告诉小朋友不要喂食野生鸟类，因为它们身上可能带有一些病毒。

解说完毕后，带领大家去户外寻找不同的鸟，观察它们的外形有什么相同和不同之处。让学员们描述一下自己看到的鸟有什么外形特征和飞行特征、学学它们的叫声并猜猜这些叫声都是什么意思。

(6)神奇的鸟喙

活动对象：中小学生。

活动准备：彩铅笔、素描本、不同鸟的图片(鸟喙差异比较大，如钳嘴鹳、剪嘴鸥、双角犀鸟、交嘴雀、翘嘴鹬、剑嘴蜂鸟、海鹦、蟆口夜鹰、船嘴鹭等)、望远镜(有条件的话)。

活动内容：解说员首先介绍每年的4月1日是"世界爱鸟日"。世界上大概有9000多种鸟儿。这些鸟儿的嘴巴差异都很大。然后向学员展示不同鸟类奇特的嘴巴的图片。短喙的鸟常以种子为食，最适合开启坚果和种子；长而窄的鸟喙适合汲取花蜜；尖利的鸟喙可以啄木除虫；钩型的鸟喙擅长猎捕老鼠等动物。让学员们选其中他们最喜欢的三种鸟喙画一画。

解说完毕后，带领大家去户外寻找不同鸟的鸟喙，并猜猜它们可能以什么为食。

(7) 鸟的旅行

活动对象：中小学生。

活动准备：彩铅笔、素描本、不同鸟的图片（候鸟和留鸟）、望远镜（有条件的话）。

活动内容：解说员首先介绍约翰·詹姆斯·奥杜邦先生。奥杜邦先生是一位艺术家和鸟类学家。他花了大半生的时间来观鸟、画鸟。他在一些东菲比霸鹟的腿上系上绳子做实验，后来发现这些带有标记的鸟儿每年都飞回同样的筑巢点。

然后解说员解说候鸟和留鸟的基本特征。留鸟是那些没有迁徙行为的鸟类，它们常年居住在出生地，大部分留鸟甚至终身不离开自己的巢区，有些留鸟则会进行不定向和短距离的迁移，这种迁移在有的情况下是有规律的。候鸟是那些有迁徙行为的鸟类，它们每年春秋两季沿着固定的路线往返于繁殖地和避寒地之间。鸟类何时开始迁移一般受日照长短影响，但是气候条件及风向、风速大小也会影响迁移时间。鸟类在迁徙活动中其实是十分脆弱的，容易受到伤害。解说员还有介绍本地的一些留鸟和候鸟。

解说完毕后，带领大家去户外寻找不同鸟，并猜猜它们可能是留鸟还是候鸟。请学员们背一背有关大雁和燕子的古诗，让他们体会诗中展现了它们的什么生活特征。解说员还可以唱一首《鸿雁》，让大家体会歌词中大雁的生活轨迹。

(8) 昆虫家族

活动对象：中小学生。

活动准备：几种昆虫标本。

活动内容：解说员首先让大家观察几种昆虫标本，然后让大家说说这些昆虫有什么共同之处？答对有奖品。通过观察，学生们会发现，所有的昆虫身体都由三部分构成，并且有六条腿。然后让大家猜猜蜘蛛是不是昆虫呢？解说完毕后，带领大家去户外寻找昆虫，看看是不是昆虫都有六条腿。

(9) 点点瓢虫

活动对象：中小学生。

活动准备：瓢虫标本和瓢虫玩具。

活动内容：解说员向大家介绍瓢虫。瓢虫是公园里最好的朋友。它们吃掉那些讨厌的、对植物有害的虫子（如蚜虫）来帮助植物保持健康。然后带领大家去户外找一找瓢虫，但是提醒大家不要伤害瓢虫。瓢虫不咬人，大家观察完毕后，要把瓢虫放回原来的地方。在寻找瓢虫的时候，解说员可以询问瓢虫为什么有鲜艳的红色？其实鲜艳的红色起的作用是警告那些寻找食物的鸟儿和其他动物。瓢虫没有毒，但如果其他动物吃掉瓢虫的话，它的嘴里就会留下很难闻的味道。解说员可以拿着瓢虫玩具和真实的瓢虫对比一下，比较哪里不一样。

(10) 蝴蝶"美人"

活动对象：中小学生。

活动准备：蝴蝶标本、彩铅、素描本。

活动内容：解说员向大家介绍蝴蝶。蝴蝶是一种昆虫，所有昆虫的身体都由三部分构成，并且有六条腿。解说员展示一些特别漂亮的蝴蝶标本。解说蝴蝶一生的变化。每次它们吮吸花蜜，都在帮花朵授粉。授粉后植物可以产生种子，种子再长成新的植物。没有传粉动物，植物就无法生存。解说蝴蝶在中国古代的文化象征和古诗中的蝴蝶。

解说员带领大家去户外找一找蝴蝶，但是提醒大家不要伤害蝴蝶。让大家观察蝴蝶是如何吮吸花蜜的。观察它的飞行状态。让大家画一画自己看到的蝴蝶。

(11) 冷血动物

活动对象：中小学生。

活动准备：教室、计算机和投影仪。

活动内容：解说员准备一些冷血动物的资料，在教室里解说给学生们听。爬行动物包括蜥蜴、蛇、海龟、陆龟、鳄鱼等。它们都是冷血动物。这意味着它们不能调节自己的身体温度，需要经常晒太阳使自己保持温暖。然后，解说员带领大家去户外，找一找冷血动物。四处走走，看看在阳光充足的地方，如岩石上或者围墙上，是否发现一只蜥蜴。

(12) 银杏的故事

活动对象：普通公众。

活动准备：计算机、投影仪、教室。

活动内容：银杏叶在秋天会变成绚丽的金黄色，像一只只美丽的黄色蝴蝶，是秋天一道亮丽的风景。解说员先在室内为公众解说银杏的形态特征、生长习性、主要价值以及哪些地方是欣赏银杏最佳的地点，如湖北安陆古银杏森林公园、河南白马古银杏森林公园等。然后，带领大家到户外去尽情地欣赏银杏的美吧！

(13)桂花美食和养生

活动对象：普通公众。

活动准备：计算机、投影仪、教室、桂花蜜、桂花酒、桂花糕。

活动内容：秋天是桂花飘香的季节。桂花自古以来就被人们所利用，能闻、能吃。解说员向大家解说桂花这种植物，包括桂花的生长特点、开花季节、有哪些药用价值、人们用桂花制作了哪些食物。然后给大家泡一壶桂花茶，慢慢品鉴，慢慢享受。最后，到户外去感受最天然的香水吧！

(14)冬眠讲座

活动对象：普通公众。

活动准备：计算机、投影仪、教室。

活动内容：冬天可以看到的动物种类非常少，是因为很多动物都冬眠或者迁徙了。解说员准备好有关动物冬眠的内容，进行一个小小的讲座。内容包括动物为什么要冬眠？为了减少能量的消耗。为什么一些动物不需要冬眠或不需要迁徙，就可以度过寒冷的冬天？这些无需冬眠或无需迁徙到温暖地方就可以过冬的动物已经适应了环境。他们可以通过很多方式将身体与外界的寒冷很好地隔离，如在冬季到来之前增加自身的重量或者利用自己松软的羽毛保暖。有些动物也可以找到足够的食物维持它们整个冬天的需求。然后，解说员展示一些动物是如何冬眠的。接着带领大家到户外，看看冬天在户外还能看到什么动物。

(15)雪姑娘的故事

活动对象：中小学生。

活动准备：计算机、投影仪、教室、有关雪的课件。

活动内容：解说员在教室里解说有关雪的知识。为什么雪会粘在一起？实际上并不是所有的雪都粘在一起。如果天气太冷，气温低于$-2℃$，同时地表温度也低于$0℃$，雪可能会变成小冰粒，不可能粘在一起。水是有张力的，也就是说水能和水相粘。如果气温接近$0℃$，而地表温度高于$0℃$，雪有可能因为变暖变湿，而更容易粘在一起。然后，大家一起去户外制作雪球，看三分钟之内谁能造的雪球最多、最牢固。

(16)美丽的雪花

活动对象：普通公众。

活动准备：深色的衣物、手套或围巾。

活动内容：静静的雪花从空中飘落掠过眼前，仅是观看雪花落地就容易让人陶醉。让参加活动的人穿好深色的衣服、手套或围巾。然后到户外伸手接住雪花,仔细观察雪花的样子。如果冲着这些雪花呼气,它们可能融化,所以观察它们时请小心,仔细观察雪花的形状。解说员给大家解说雪花是如何形成的?云朵的温度必须在-10℃或0℃以下才能形成冰晶。一旦出现适宜的温度和湿度,冰就会形成六角形的棱柱。冰晶每次经过不同温度都会变化形状,从六边形的六个角抽出小枝丫。

(17)云呼吸

活动对象:普通公众。

活动内容:解说员跟大家解说云的形成。湿气从土壤里升上来,随着上升,逐渐变冷。冰凉的小水滴压缩在一起成为了云,因为水滴喜欢挤在一起。带领大家去户外,然后向寒冷的空气中呼出一口气,就能看到它,这就是云!它是温暖而潮湿的空气,或者是水蒸气,从你的身体中出来,土壤碰到了寒冷的空气,压缩在一起就变成了云。它慢慢飘走,逐渐变干,最后消散了。

(18)光秃秃的树

活动对象:普通公众。

活动准备:笔和笔记本。

活动内容:在户外找一块地方,解说员解说树为什么会落叶?冬天阳光减弱,而且树叶需要阳光来维持正常的工作,才能为树木提供养分。因为如此,落叶树在天气变冷时落叶,而当天气变暖的春天又会发出新芽。从某种意义上说,落叶树在冬季"入睡"了。丢掉叶子是在冬天停止工作程序的一部分。解说员带领大家观察那些光秃秃的树是绝佳的时机,可以看到其他季节看不到的样子,在其他的季节树都被密密麻麻的叶子覆盖着。挑选一棵光秃的树,画下它。然后对这些光秃的树做一个彻底搜索,看看哪里有各种各样的鸟窝。

(19)矿物标签制作

活动对象:中小学生。

活动准备:笔、笔记本、矿物标本、介绍矿物的课件、标本解说卡。

活动内容:解说员通过课件介绍矿物的基本特征,重点介绍一些本地或者有特色的矿物,并且通过矿物标本实例让学员感受矿物的质地。最后,发给学员每人一张标本解说卡,让他们选择自己最喜欢的矿物,制作矿物标本解说卡。

(20)生活中的金属

活动对象:中小学生。

活动准备：笔、笔记本、金属矿物标本、介绍金属矿物的课件、生活中的金属制品(钥匙、金银手饰、景泰蓝等)。

活动内容：解说员通过课件介绍金属矿物的基本特征以及用途，然后请学员们举手发言，说一说生活中还有哪些物品是用什么金属制成的。最后，解说员告诉学员金属可以回收再利用，鼓励学员将金属垃圾投入可回收垃圾桶，或者卖给收废品的人。

(21) 弯弯的月亮，小小的船

活动对象：中小学生。

活动准备：笔、笔记本、介绍月球的课件、望远镜。

活动内容：解说员通过课件介绍月球的基本特征，再请学员们说一说他们在不同的时间看到的月亮是什么样子的。接着，解说员根据学员的发言，归纳出月相变化的规律。最后，解说员学员们背一背有关月亮的古诗或者童谣。有条件的话，可以请学员到户外观察月亮。

(22) 一闪一闪小星星

活动对象：中小学生。

活动准备：笔、笔记本、介绍星星的课件、望远镜。

活动内容：解说员通过课件介绍星空的基本特征和季节变化规律，再请学员们说一说他们在认识的星球或者星座有哪些？接着，解说员说一说自己属于哪个星座。最后，解说员告诉学员有哪些高科技软件可以识别天空中的星座。有条件的话，可以发给学员望远镜，并请他们到户外观察星空。

(23) 马

活动对象：中小学生。

活动准备：笔、笔记本、介绍马的课件。

活动内容：解说员通过课件介绍马的驯养过程和一些主要品种，再请学员们说一说他们知道哪些有关马的知识。接着，解说员介绍一些马在中华文明中的作用。最后，解说员请学员们背一背有关马的古诗词和成语。有条件的话，可以请学员到户外观察马匹。

5.4.2 五感体验型

(1) 静静听

活动对象：普通公众。

活动准备：录音笔、笔、笔记本、户外坐垫。

活动内容：公众通过听觉来感受大自然。大家在室内环境中，总免不了各种杂音的干扰，如嗡嗡作响的电视机和各种电器，这些声音经年缭绕不去，以至于我们都习惯了。是时候鼓励大家静下心来听听大自然的声音。找一块风景宜人、比较广阔的平地，在地上铺上坐垫，然后大家一起坐下来。解说员要求大家闭上眼睛，不要说话，两分钟内静静地听大自然的声音。然后大家一起来分享你听到了什么声音。这些声音是欢乐的、争辩的、喋喋不休的？你能看到发出声音的事物吗？

（2）树的心跳

活动对象：亲子或者中小学生（4岁以上）。

活动准备：听诊器。

活动内容：春天是树木生长很快的季节。解说员将大家带到户外，给每个人发一个医生用的听诊器，然后让大家将听诊器贴在树干上。这时候，有的人可以听到树皮输送营养物质的声音，深切地感受到树木生长的过程。

每棵树都是一个鲜活的生命，它和我们人一样要吃、休息、呼吸，也进行"血液"循环。树的心跳是一首美妙的生命之歌。早春是听森林心跳的最佳时间，此时树正把大量的输液源源不断地输送到枝丫，为一个新季节的欣欣向荣做准备。选一棵直径小于15厘米并且皮比较薄的树来听它的心跳。落叶树通常比针叶树听得清楚，某棵树的心跳声可能特别大。把听诊器紧紧贴在树干上，不要动，以免产生杂音。多试几个地方，就会找到最佳"听点"。孩子们会想听听自己的心跳。再让他们听听哺乳动物和鸟类的心跳——声音节律的变化美妙动人。

（3）自然摇篮曲

活动对象：亲子。

活动内容：白天有阳光照耀，出去玩很容易。一到落日时分，大家也都回到了屋里。不过温暖的夏季为夜晚的户外亲子活动提供了很多机会。夜幕降临后，解说员带着家长和孩子们来到森林，慢慢散步。注意夜晚在森林里有哪些动物会出来呢？能听到什么声音呢？能看到萤火虫吗？距离不要太远，只是让大家体会一下夜晚的森林就可以。然后，大家围坐在一起，分享自己今天看到和听到了什么。

（4）找到你的树

活动对象：普通公众。

活动准备：眼罩。

活动内容：每一棵树都是独一无二的，有自己独特的树皮、大小和高度。解说员带领大家来到一块有着较多大树的地方。然后让大家仔细观察周围的树。把公众分成两组，一组队员用眼罩蒙住眼睛，让另一组队员带领绕一些路，然后来到一棵大树面前，让蒙眼睛的队员用手触摸这棵树，感受这棵树。两分钟后，队友继续带着蒙眼睛的队员绕一段距离的路，才能摘下眼罩。摘下眼罩的队员去寻找自己曾经触摸的树，看谁能在最短时间内找到自己的树。再交换队员玩这个游戏。

(5) 感受布料

活动对象：普通公众。

活动准备：不同布料制作的衣物（棉、麻、丝绸、晴纶等）、介绍不同布料的课件。

活动内容：人们日常穿的衣物是由不同布料制成的，这些布料都来自于大自然。解说员通过课件告诉学员自古以来人类一般利用大自然的哪些原料制作衣物。然后，请学员们摸一摸不同布料制作的衣物，讨论一些它们之间的差异。解说员最后要鼓励学员把不用的衣物捐出去或放进可回收垃圾箱。

5.4.3 美术创作型

(1) 花朵的世界

活动对象：小学生。

活动准备：纸、铅笔、彩笔。

活动内容：选择一个户外场所，最好是有座的地方。解说员先让学生们观察一下，春天各种花朵的花瓣都一样吗？这些花朵都是些什么颜色呢？然后，让学生们试着画出花瓣的形状，看谁画的花瓣形状最多。所有的花都有相同数量的花瓣吗？让孩子们数一数不同花朵的花瓣究竟有多少片呢？春天里的花朵五颜六色，非常美丽。让孩子们将画好的花瓣涂上颜色，比一比，看谁的颜色是最丰富的。

(2) 花朵的客人

活动对象：普通公众。

活动准备：相机、笔和笔记本。

活动内容：选择一个有很多花的户外场所。解说员首先让大家观察有哪些昆虫是这些美丽花朵的客人，请学员用手机拍下这些客人，并与大家分享。然后解说昆虫对植物传粉的重要性和昆虫的觅食特性有哪些？大自然是如何协同生存的？

(3) 泥巴建筑师

活动对象：小学生和6岁以下孩童。

活动内容：找一块泥地和有溪水的地方。参与者用双手和稀泥。稀泥黏糊糊的质感会给孩子们带来很多乐趣。然后，让孩子们找来周围的自然环境里的东西建造自己的作品，这些东西包括：小棍儿、石头、叶子、果实、花瓣儿和树皮等等。孩子们可以建造城墙、城堡、火山、动物等。

(4) 星光大道的手印

活动对象：中小学生。

活动内容：每一位参与者都自己和泥，然后印上自己的手掌印。放在太阳底下晾干。然后大家把晾干的手掌印放在一起，就变成了自己的"星光大道"了！比一比，谁的手掌最大，谁的手掌最小。

(5) 神奇的小蛇

活动对象：亲子。

活动准备：卫生纸卷纸中间用剩的纸筒、双向图钉、颜料、计算机、投影仪和教室。

活动内容：解说员首先在教室里用幻灯片向大家介绍公园里常见的蛇，以及这些蛇的体貌特征。然后鼓励孩子们制作自己喜欢的蛇。每个卷纸筒的两端都打上孔，然后用双向图钉将两个纸筒连接起来，一节一节地连接起来。然后用颜料将连接起来的纸筒涂成自己喜欢的蛇的颜色和花纹。等待颜料干了，就可以好好欣赏自己的蛇了。

(6) 寻找大自然的色彩

活动对象：中小学生。

活动内容：秋天是一个色彩缤纷的季节，有些叶子会变成黄色或红色，有些果实会变成黄色或黑色等。解说员带领大家来到户外，让学生们找一找户外的色彩，看谁找到的色彩最多？

(7) 寻找叶子的不同形状

活动对象：中小学生。

活动内容：大自然的叶子形状各异，有的是卵形，有的是手掌形，有的是小刀形等。解说员带领大家来到户外，让大家找找不同形状的树叶，看谁找到的形状最多？再讨论一下，它们在哪些方面不同？

(8) 叶子画

活动对象：中小学生。

活动准备：白纸、胶水、彩笔。

活动内容：秋天落叶的形状和颜色都很丰富。解说员首先带领学生们来到户外，捡拾一些做叶子画的素材，然后回到教室，用这些缤纷的落叶、胶水和彩笔在白纸上创作一幅自己的叶子画作品。

(9) 松果手工艺大赛

活动对象：10岁及以下儿童或者亲子。

活动准备：松果、胶水、颜料。

活动内容：解说员平时收集一些地上的松果。然后组织孩子们来到教室，亲自动手用松果制作自己的玩具。大家可以充分发挥想象力，制作刺猬、闹钟等任何自己设计的玩具。

(10) 石头画

活动对象：中小学生。

活动准备：鹅卵石、彩笔、新石器时代工具的图片、岩画的图片。

活动内容：解说员首先解说石头是由不同矿物质组成的。世界上的岩石分为三类——岩浆岩、沉积岩和变质岩。对石头的研究可以帮助地质学家了解地球上的气候、动植物的历史。然后讲讲人类是怎样利用岩石的，一些著名的岩画展示了古人怎样的生活画面。

解说员带领学员们来到户外，捡拾一些石头，然后让学员说说这些石头的特征(形状、颜色、触感)。然后请学员用彩笔在鹅卵石上创作一幅自己的石头画作品。

(11) 树皮拓印

活动对象：中小学生。

活动准备：A4白纸、蜡笔。

活动内容：解说员首先解说树皮的结构和外形特征。然后带领学员去户外观察不同树的树皮。然后请学员们用白纸和蜡笔拓印不同树的树皮，并写出树的名称和树皮的特征。

(12)我的自然皇冠

活动对象：中小学生。

活动准备：硬纸条(8~10厘米宽)、双面胶、剪刀、透明胶。

活动内容：学员们将双面胶贴在硬纸条的中间，然后根据自己头形的大小调节纸条后，做成圆环形，用透明胶固定好。然后请学员们去大自然找自己皇冠的装饰，如树叶、羽毛等。把这些材料粘在双面胶上，就完成了。然后戴上自己的自然皇冠，感受一下自豪的心情。

(13)植物编织

活动对象：中小学生。

活动准备：干玉米叶、剪刀、有关植物编织的课件、竹编织品、藤编织品、干玉米叶编织品。

活动内容：人类很早就开始利用植物的茎和叶编织成日用品或装饰品。解说员通过课件介绍自古以来人类利用植物进行编织的历史以及这些编织品在人类生活中的重大作用。再请学员们说一说他们见到过的植物编织品。最后，解说员教学员用干玉米叶简单地编织一个小物件。

5.4.4　劳动体验型

(1)拔萝卜

活动对象：中小学生。

活动内容：解说员带领学员来到一块萝卜种植地，为他们解说萝卜的营养价值，生长环境和采摘要领，再请他们每人拔五个萝卜。拔完萝卜后，让学员们说一说自己拔萝卜的感受。

(2)认识蔬菜

活动对象：小学生。

活动内容：解说员带领学员来到一片菜地，告诉他们，菜地里种的是什么蔬菜，每种蔬菜有什么营养价值。接下来，请学员们自己采摘中午做饭需要的蔬菜。在采摘的过程中，解说员告诉学员如何采摘才是正确的方式，并让他们闻一闻蔬菜的味道，比一比菜叶的大小和形状。

(3)制茶小能手

活动对象：普通公众。

活动准备：装茶的小竹筐。

活动内容：解说员向学员介绍茶叶的基本知识，茶叶基地的基本情况和采茶的注意事项。带领学员去基地采摘茶叶。采完鲜茶叶后，解说员请专人示范如何制作茶叶，让学员也动手参与制作茶叶。最后，解说员请学员品尝自己亲手采摘的茶叶。

(4) 草莓采摘

对象：普通公众。

活动准备：小筐。

活动内容：解说员带领大家来到草莓种植园区，向学员介绍草莓的生长环境、营养价值和采摘时的注意事项，接着学员们就可以自己动手采摘草莓了。

(5) 稻谷收割

活动对象：普通公众。

活动准备：打谷机。

活动内容：解说员向公众解说水稻的生长环境和生长过程，向学员示范打谷机的使用方法，接着请学员试试如何使用打谷机。学员尝试后，请学员说说自己对稻谷和农民辛勤劳动的认识。

(6) 水车

活动对象：中小学生。

活动准备：水车。

活动内容：解说员学员解说水车的原理和人们对水车的利用方式，向学员展示如何使用水车，请学员们试试踩水车。

(7) 刺绣巧巧手

活动对象：普通公众。

活动准备：针、彩线。

活动内容：解说员向公众解说刺绣的历史，展示精美的绣品，教授刺绣的基本针法，请学员们秀出自己喜欢的图案。

(8) 蜡染

活动对象：普通公众。

活动准备：粗布、染料和一些小工具。

活动内容：解说员向公众解说蜡染的历史，展示精美的蜡染作品，介绍蜡染的基本方法，然后请学员们参与蜡染的制作过程。

5.4.5 游戏拓展型

(1)数数春天的痕迹

活动对象：普通公众。

活动内容：选择一个可以让大家伸展身体并观察四周的户外场所。先用一些时间来放松并看看周围的环境。然后问问大家："你能找到春天的痕迹吗？花？花苞？发芽的幼苗？观察你身边的土地，它里面蕴藏着这个季节新生的力量。"等待大家观察三分钟后，解说员再向公众提问："数数看，你能说出多少种春天的特征呢？"鼓励大家积极发言，看谁数的最多。

(2)我是一棵小草和小花

活动对象：小学生。

活动内容：选择一个有草地的户外场所，大家围成一个圈。解说员先介绍一下这些小草的种类和生长情况。然后跟小朋友们来玩一个小草生长的游戏。解说员和大家一起蹲下来，模仿一株小草发芽长出叶片。慢慢地双腿站直，向着上方生长。把手臂尽力伸向天空，深呼吸，放松，沉浸在春日的气息里。再低低蹲下，假装大家是一朵小花。慢慢地站立，然后把手臂水平展开，像开花一样。要是想再活动筋骨，还可以到平整的草地上翻筋斗。

(3)寻找春天的绿色

活动对象：普通公众小学生。

活动准备：笔和笔记本。

活动内容：选择一个有很多植物的户外场所。解说员首先让大家找一找在一定的范围内哪里可以找到绿色，而且可以找到几种绿色？采集不同绿色的标本进行对比，并且记录这些绿色是在哪里找到的？看哪组小朋友找到的绿色种类最多。孩子们可能找到叶、茎、苔藓、石子、水生植物或者螺等。鼓励孩子们观察平时他们不注意的地方，如树干或者是人行道的砖缝。这些地方也可能给孩子们带来惊喜。然后解说员向学生们解说叶绿素和光合作用的意义。

(4)森林建筑师是如何搭窝的

活动对象：普通公众。

活动准备：望远镜、笔和笔记本。

活动内容：解说员带领大家来到户外，用望远镜观察鸟窝是如何搭建的。鸟类是了不起的建筑师，它们建造的鸟巢看起来总是令人赏心悦目。在春季和夏季，雏鸟餐前饥饿的鸣叫，也许可以帮助人们看到鸟巢。当确定了鸟窝的位置，大家要在安静中观察。然后用笔记录下看到鸟巢的形状，比较它们有什么不同。然后，在野外搜集些鸟儿可能用来造窝的材料，如野草、树叶、树枝、纤维和泥巴。试着用这些材料造个鸟窝，看看有多困难？比较一下自己造的与鸟儿造的哪个更结实。

(5) 蚂蚁的秘密

活动对象：中小学生。

活动准备：饼干。

活动内容：蚂蚁是在户外最容易看到的昆虫。蚂蚁跟随一定的线路是因为它们在寻找食物。当一只蚂蚁找到食物以后，它就会留下一条带有气味的路线，告诉其他蚂蚁哪儿可以找到食物，以便同一家庭的其他蚂蚁跟随。当看到蚂蚁是沿着一条路线前进的时候，就意味着它们正在外面为家庭寻找食物。在石板路上留一些饼干，等一会就会发现有蚂蚁找到饼干。然后就会发现很多蚂蚁沿着一定的路线整齐的去搬运饼干。然后再换一个地点，放些饼干，观察一下蚂蚁的行动路线。通过这个观察活动探究蚂蚁的行为特征。

(6) 简易种植

活动对象：中小学生。

活动准备：毛线手套。

活动内容：解说员让学生们戴上准备好的旧手套。一起走一走，当经过野草茂密的地方，让学生们用手扫过草叶。刚刚败谢的花丛也是"扫荡"的好地方。多试试不同种类的植物。不一会儿，就能看到很多追随着手出现的客人(小种子)，它们都黏在毛织物的表面上。让学生们把毛手套带回家，里面放些土，然后把它放在向阳窗台的托盘上。给手套浇浇水，看看谁会从里面长出来。

(7) 水洼观察家

活动对象：中小学生。

活动内容：水可以成为观察的宝藏。野生动物依靠自然界的水源洗浴和饮用。学生们很容易就能发现在自然中靠水生活的物种。解说员带领孩子沿着水溪观察：在水边寻找动物在泥地上的足迹，这些都是野生动物生活的证据。有谁在水中生活？你能找到鱼、虫子、蝌蚪吗？寻找在水中旅行的动物，有的在水面上、有的在水面下。有些动物会在水面快速蘸一下，如蜻蜓。这些水面上的动物和生活在水下的动物有什么不同？

（8）看谁更牢固

活动对象：中小学生。

活动内容：秋天有很多落叶，让学生们在户外捡拾落叶，把叶子部分去掉，留下叶杆部分，然后对折。同学两两比赛，看看哪种叶杆最牢固，能把其他叶杆拉断。

（9）大地之窗

活动对象：7岁及以上儿童或者亲子。

活动内容：让每个人躺下来仰望天空，想象自己是大地的一部分。用树叶、小树枝以及松针把每个孩子的身体盖起来，只把脸露出来，让孩子产生融入土地的感觉。最好不要超过五分钟，当孩子躺在树叶下感觉虫子爬过时，要鼓励他们保持安静，全心感觉虫子的动作。

（10）万物皆落地

活动对象：小学生。

活动内容：解说员带领大家来到户外一个干净的地方。首先给大家讲牛顿被苹果砸到头后发现了万有引力的故事。然后带领大家体验重力的神奇。让大家在森林里随便捡一些石头、木棍、叶子或者果实等，将它们尽力抛向空中，观察会发生什么？最后都会落下来。然后，让同学们尽力往上跳，看谁跳的最高？但是，不论跳多高，最后都会落到地面上来。

（11）款待小鸟

活动对象：普通公众。

活动准备：饼干屑、瓜子。

活动内容：冬天依然可以听到鸟儿的欢呼声，因为还有很多鸟儿不会飞向其他地方过冬。只要它们可以找到食物和一个可以辟寒的家，就可以让自己保持温暖，度过寒冬迎接春天的来临。这些鸟儿会一直陪伴我们左右，一年四季。让我们来给小鸟送些小小礼物吧。把饼干屑、瓜子、坚果等放在地上，向鸟儿发出邀请，让它们来品尝礼物吧！然后大家在旁边躲起来，观察一下是不是有鸟儿会过来吃东西？要等多久那些鸟儿才会过来？

（12）雪中障碍跑

活动对象：亲子。

活动内容：解说员和家长们在雪地里，建造一个白色的障碍跑训练场场地：用雪来堆砌矮墙墩，建造隧道和拱门，压出小路，塑造一些地标或标志点。大功告成后，就可以利用场地进行一场比赛了。鼓励孩子们在场地里奔跑、跳跃、滑行、爬高，跨过这些用雪制成的障碍物。用秒表记录孩子们跑完每圈的时间。

(13) 冻人游戏

活动对象：亲子。

活动内容：家长和孩子们在户外一块开阔的场地玩"冻人游戏"。一个人抓，其他人跑。追逐中只要碰到身体的某个部位，如手、肩膀、腿，这个部位就被"冻住"不能动了。一个人最多冻住三次，就不可以再跑动了。

(14) 雪地迷踪

活动对象：普通公众。

活动内容：当大雪覆盖了田野，我们周围的一切都仿佛变得静止了。而实际上，野兽和小鸟仍在寻找食物，而且冬季里的野生生物变得更加明显。解说员和大家一起来做个野外调查，在户外只要被雪覆盖的地方，找一找那些脚印和足迹。能找到脚印吗？是前爪还是后爪的？通常是在哪里发现的？一串脚印就是一种动物在雪地上到访过的证据。

(15) 堆雪人

活动对象：普通公众。

活动内容：邀请大家一起到户外堆雪人，用树枝、叶子或者石头做装饰。比一比，看谁堆的雪人最漂亮。

(16) 自然运动会

活动对象：普通公众。

活动内容：在户外，请学员按指令动作同时向指定的终点按跑道进行比赛。解说员可以这样下达指令："向兔子一样蹦蹦跳跳""像叶子一样旋转""像企鹅一样蹒跚而行"等。

5.4.6　大众参与型

(1) 植树快乐多

活动对象：普通公众。

活动准备：树苗、小铁锹、水壶。

活动内容：解说员向大家解说森林的作用、本地树种和植树的注意事项，再把树苗分配给参与者，请大家动手参与植树。

（2）入侵生物的去除

活动对象：普通公众。

活动准备：手套。

活动内容：解说员向大家解说入侵生物的危害，再请大家动手拔掉指定地点的入侵植物。

（3）景区垃圾大扫除

活动对象：中小学生。

活动准备：垃圾袋、垃圾夹。

活动内容：解说员向大家解说垃圾分类的常识，再请大家在景区用垃圾夹捡拾垃圾，并劝导游客不要乱扔垃圾以及如何将垃圾分类。

5.5 自然教育活动过程中精神层面上的引导

在符合自然教育目标的前提下，自然教育活动策划者要思考采取什么方法才能让参与者在比较好的精神状态下进行呢？以下几个方面需要自然教育活动策划者考虑：

第一个方面：营造积极挑战的氛围

具有挑战性的语言和活动要求，能激发参与者的积极性，让他们全身心投入到活动中来，并尽力取得好的活动效果。

第二个方面：逐渐提高大家的情绪

自然教育活动策划者要思考怎么样去激励参与者，需要营造一个什么样的氛围；如何制造安全的心理状态；同时，还要考虑到体验学习循序渐进的原则。

第三个方面：有没有在导入阶段先营造一个有效的氛围？

自然教育活动指导者要在活动开始前做一些铺垫工作，激发参与者的参与欲望和好奇心。这样大家就能在愉快而刺激的氛围中开始自然教育活动了。

第四个方面：是否明确了介入活动中时自然教育指导师的基本态度？

任何时候，自然教育指导师都要记住，参与者才是活动的主体，指导师只是起到引导和辅助的作用。

第五个方面：总结时是否想好回顾的基本流程？

只有通过回顾阶段，参与者才能从精彩、刺激的活动中回过神来，明白这次活动的意义和目的所在，才能在看似一盘散沙的激动情绪中理出头绪。

5.6 自然教育活动过程中的后勤保障

为了保证自然教育活动的顺利开展，自然教育活动策划者除了考虑活动内容和精神引导以外，还需要考虑场地、装备、后勤保障等因素。一般而言，自然教育策划者需要考虑以下几个方面：

①根据确定的活动，要明确实施活动的场所条件。

②要考虑到安全管理的问题、参与者的心情问题和氛围等。

③户外活动常常会因为场所不同，体验效果受到影响。

④作为指导者，在活动之前必须做事前考察，确认场地安全情况，检查万一出现参与者身体不佳等紧急情况时是否有安全防范体制。

自然教育活动策划者和指导师在考察和彩排的时候，最需要注意的是不要太过于主观，认为需要的资源理所当然都有，他们必须亲自去现场勘察并且与相关工作人员确认设施、设备的准备情况。

第6章
自然教育活动指导技巧

6.1 自然教育活动准备阶段

6.1.1 内容的准备

如果自然教育指导师不熟悉活动内容,处在模棱两可的状态,就会让体验活动变得毫无意义,甚至会牵涉参与者的人身安全。因此,为了避免这些不利结果的发生,指导师要常常反思以下问题:

(1)是否熟悉活动规则

指导师要对每一个即将开展的自然教育活动的目标、内容、道具、过程、规则都了如指掌,才能使整个活动流畅地开展。自然教育活动如果没有传授自然或者历史人文知识就只仅仅是一种娱乐活动而已。所以,自然教育指导师要掌握每一个自然教育活动的知识点。为了能更好地向参与者传授这些知识,自然教育指导师在开展活动前要特意复习和掌握与体验相关的知识点,而且越深刻、越广泛越好。当然,这个过程是需要不断沉淀和积累的。这也要求自然教育指导师的知识面要宽一些,才能将各种自然和人文历史知识融会贯通起来。

图6-1 刺勒林海研学基地自然导师培训学员熟悉活动装备

(2)是否正确掌握关于装备的使用知识

在很多的自然教育活动中都需要一些设施和装备。这些设施和装备有时需要专业人员装配和准备,有时需要自然教育指导师或者学员自己准备。当然,这些设施的使用是需要遵循一定的规则,装备的使用也有很多注意事项。如野营帐篷的搭建、爬树时安全服的正确穿着方法等(图6-1)。这些设施和装备的规范和正确的使用才能保证自然教育活动的顺利进行。

(3)是否领会技术指导的要点

自然教育指导师要清楚地知道本次活动自己应该指导的部分是哪些?有哪些是需要参与者自己去发现、体验和感受的?在指导本次自然活动过程中,技术指导要点是什么?哪些地方需要启发?哪些地方是转承?什么时候需要总结?

(4)是否了解关于安全方面的知识

安全方面的知识在任何时候都是至关重要的。自然教育指导师要尽可能考虑周全,在体验过程中有可能产生的危险有哪些?如何避免这些危险的产生?当然,指导师还要掌握最基本的急救方法,了解一些常见的户外伤害医疗救助常识。

图6-2的自然教育活动就存在一定安全隐患。自然教育指导师要注意在人群后面保护第三层和第四层的学员。

图6-2　刺勒林海研学基地自然教育活动的安全隐患注意事项

如果需要准备的内容很多,有的时候自然教育指导师需要看着指导手册讲规则,这也是可以的,但是要注意不要一直一个人讲,要与参与者互动才能有更好的沟通效果。

6.1.2　组织的准备

一次自然教育活动需要传达的内容有很多,这些活动如何有效和有序地开展呢?自然教育指导师要反思这些问题:

(1)在进行体验说明时,是否把活动内容和规则区分开来

自然教育活动内容是指指导师要告诉参与者此次活动的目标是什么,过程是怎样进行的;而规则说明则是要告诉参与者要遵照什么条件才能使活动达到效果。两者既有联系,但却不一样。自然教育指导师要注意两部分的差异和关联,并在体验说明阶段都要讲到。

(2)在说明参与者需要做的活动内容和课题时,是否尽可能地把各项活动内容和课题分开来讲

有的自然教育活动是以课题的形式进行的,而自然教育的一系列活动是为了完成这个课题,如本地水资源污染调查的课题,就需要参与者进行如下活动:取水样,进行污染物监测,记录监测结果,分析污染原因以及如何改善水质讨论等。自然教育指导师需要把握总体课题目标,也要让参与者逐步参与一系列活动

来完成这个课题。在这个过程中，指导师要先讲课题内容和目的，然后在每一个活动过程中说明活动要求和步骤。

(3)在做装备说明时，是否根据穿着的顺序进行了说明

自然教育指导师一定要熟悉各种装备的所有配件和穿着顺序，这样才能保证活动过程是安全和有效的。如果装备穿着顺序错误就会导致一些配件没有起到安全保护的作用，也会耽误大家的时间和活动进程，甚至造成人身伤害。

(4)活动内容、课题进程、装备说明、技术说明和安全事项说明等有没有混在一起讲

由于自然教育活动开始前要交代的事情比较多，因此，自然教育指导师需要注意，不能将活动内容、课题进程、装备说明、技术说明、安全事项说明这些必须要传达的信息混在一起讲，要有条理地一件一件进行说明，层次清晰，逻辑合理。这样自己容易记忆，参与者也能听得明白。

(5)在语言组织上是否明白易懂

参与者听不懂的语言是没有传播效果的。要使活动内容、课题进程、装备说明、技术说明、安全事项说明等重要的信息能有效地传达，自然教育指导师就要以参与者能听得懂的语言和表达方式进行传递，而且还要有积极互动，以及时检查传递效果。

6.1.3 说话方式的准备

自然教育指导师在进行活动说明时，要特别注意自己的说话方式，采用通俗易懂、简洁明了的语言才能有效地传递信息。因此，指导师要注意以下方面：

(1)说话前的留意点

说话最重要的是能将自己表达的东西传达到对方那里。所以在说话前，自然教育指导师将讲话的重点整理记录下来非常重要，特别是对于活动顺序等细小的地方。如果自然教育指导师说错了或者忘记了，就会让活动整体变得混乱。

(2)说话的语速有没有过快

有的时候，自然教育活动时间安排得很紧凑，所以指导师为了节省时间，就会加快语速。有的时候，指导师自己本身的说话习惯就是语速比较快。为了检查自己的语速有没有过快，指导师可以随时问问参与者，他们是否感觉语速过快了？是否能够跟得上自己说话的节奏？如果回答"是"，那么指导师就要有意识地放慢说话的语速。

(3)声音是否清晰

在户外空旷的场地，声音的清晰度没有室内高。所以，如果参与者人数很

多,指导师就需要扩音设备。由于教室面积较大,参与的学员人数较多,湖南长沙沃野自然学校就使用扩音器讲课,如图6-3所示。

(4)说话是否够响亮,参与者全员是否都能听到

为了确保所有的参与者能接收活动的说明信息,指导师要问问最后一排的听众,他们是否能听清楚自己的讲话,如果听不清,可以随时提出来。指导者并不是一直需要大声说话。有的时候故意小声说话更能吸引参与者的关注,很好地利用声音的抑扬顿挫也很重要。

(5)说话时站立的位置

为了能将信息传到对方那里,选择一个让参与者都能看见、都能听清楚的位置非常关键。在有阳光的地方,指导者可以选择面向太阳的方向,让参与者背对着太阳,免得太阳光刺眼,或者站在声音容易穿透的上风方向,或者选择大家容易集中

图6-3 湖南长沙沃野自然学校的指导师使用扩音器讲课

图6-4 学员在树荫下听梧桐山国家森林公园的指导师讲课,指导师面向太阳

精力的背景等。深圳梧桐山国家森林公园的自然教育指导师在讲课时,让学员背对太阳,自己迎着太阳。这样学员就不会刺眼了,如图6-4所示。

(6)其他注意事项

①在表达的时候,表情、动作、手势都可以成为工具,帮助指导者更好地传达自己的想法。

②其他的指导者和参与者站在同样的位置。如果和指导者站在一起会吸引参与者的注意。

6.1.4 了解参与者的情况

在自然教育活动中,只有让参与者理解后才能称得上真正的指导。因此,指导师要反思这些问题:

(1) 有没有营造一个参与者都可以听到的氛围

如大家集中在一个舒服、阴凉、安静的地方；使用扩音器；自己的声音清楚响亮等。

(2) 参与者是否都处在倾听的姿势

为了检查自己的发言有没有被听众有效地接收到，自然教育指导师可以通过观察参与者的倾听姿势和表情来获得，然后再根据他们的姿势和表情调整自己说话的方式。

(3) 有没有根据参与者的年龄、知识层次采取相应的方式

对于小朋友，自然教育指导师说话的方式要有亲切感，采用的词语要简单，打的比方也要是他们的认知所能理解的；对于中年人，说话采用的词语可以深刻一些，采用他们工作和生活的例子也是一个好办法；对于老年人，说话的声音要大一点，要对老人家的身体状况特别关心等。对于普通的参与者，指导师说话的词语要简单易懂；对于告知人群，指导师可以把自然教育活动的意义和安全原理讲的更透一些。

(4) 是否能把握参与者的理解程度

把握参与者的理解程度是很重要的。自然教育指导师，可以在生活中把自然教育活动说明讲给身边不同的人群听，看看他们的反应，然后及时调整。也可以通过带团的经验，不断改进自己的自然教育活动说明内容的表达方式，与时俱进。

6.2 自然教育活动开始阶段

6.2.1 集合的方法

自然教育活动参与者的集合有两种方法——圆形（图6-5）和"U"字形。

(1) 圆形

参与者围成圆形，自然教育指导师可以看到全体成员的脸，参与者自身也有连带感，更容易形成同伴意识。这种站法的缺点就是人数较多时，圆太大，指导师不容易掌控全体成员。

(2) "U"字形

"U"字形结构，是为了让自然教育指导师看到全体成员的脸，容易顾及所有成员，并使其集中，但是不利于形成连带感和产生同伴意识。

图 6-5 深圳梧桐山国家森林公园学员圆形站队

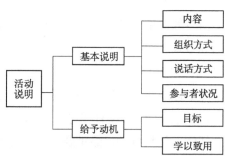

图 6-6 自然教育活动说明内容框架图

6.2.2 自然教育活动说明

在自然教育活动前，指导师要对本次活动进行一些必要的说明。在这个部分，指导师主要有两个方面的任务，一方面是活动的基本情况说明，包括活动内容、组织方式。同时，还要注意自己在进行基本情况说明时，参与者是否容易接受，如果没有就要及时调整自己的说话方式。另一方面是在活动开始前要给予参与者足够的动机，告诉他们这次体验活动的目标是什么，体验后的经验可以用到生活中的哪些方面，具体内容如图 6-6 所示。

6.2.2.1 自然教育活动开始的基本说明

自然教育活动开始阶段的基本说明包括以下三个方面：

①活动内容的提示、规则说明，装备的穿戴方法，基本技术指导，安全方面的注意事项。这样才能达到自然教育的活动目标以及尽可能避免在活动过程中产生不必要的伤害。

②对活动状况产生重大影响的事项说明。任何事情都要防患于未然，孩子们天生好动、活泼又有好奇心，所以自然教育指导师要根据活动内容、带团经验想到活动过程中有可能产生的一些状况，并在活动开始前做尽可能详细的责任说明、活动规范、预防措施和求救方法。

③虽然是指导，但是要注意不要唱独角戏。与参与者的互动既可以检测他们是否听懂了以上的一些说明，又能激发他们参与的积极性。

6.2.2.2 自然教育指导师给予参与者的体验动机

自然教育指导师给予参与者积极的动机是指给参与者精神层面带来巨大影响的指导方式。自然教育指导师需要根据活动的"目标"、项目进行情况，考虑"状况""意识""知识"等因素，或高涨气氛，或提供思考的时间，或倾听参与者的感受。为了达成活动目标，指导师需要设定参与者的心理环境。

(1) 目标——有没有在符合"目标"的前提下进行的指导

任何自然教育项目最重要的一点是需要设定"目标"。只有充分达成"目标"后，才能以这个活动为契机，给参与者更多的动力。为了达成自然教育活动项目的目标，自然教育指导师需要反思这些问题：

①体验活动重点不是在"做什么"，而是注重知识和情感，告诉参与者为什么要这么做。这也是自然教育活动与普通的娱乐活动不同之处。一个自然教育项目或者一个自然教育活动虽然是以游戏的形式展现，但是不能没有知识内涵和情感激发。

②最终需要达成的"目标"是不是和参与者的情感和状态有偏差？自然教育活动不只是要有欢乐的氛围而已，还需要参与者以特定的情感和状态投入到活动中去。不同自然教育项目的"目标"，需要激发的情感和状态是不一样的。例如，在观看一些有关环境灾难的纪录片时，就要求参与者以同情和激励的情感和状态参与观影和讨论。

(2) 学以致用——已经结束的活动有没有让参与者学以致用

评价自然教育学习的效果是看参与者有没有将活动中学到的知识和技能、情感态度和价值观用于自己的日常生活中。自然教育指导师要反思以下三个问题：

①是否掌握参与者每个人所学习到和意识到的大概情况？自然教育指导师通过活动中的互动、活动展示、提问等方式评估参与者每个人的学习效果，如果没有达到目标，则需要重复重点、回顾提醒或者总结时再一次强调。

②通过"回顾"，是否让集体理解到了以后要努力的方向？不管参与者在参与活动之前是不是已经获得了环境保护的知识或者具备良好的环境保护行为，自然教育指导师都要在活动的最后，通过"回顾"这个过程，让参与活动的所有人了解今后大家需要保持或者改进的方向。

③有没有做到让参与者学习到可以运用到以后工作学习生活中的指导？丰富的环境知识、积极的环境态度和良好的环境价值观最终要通过环境行为体现出

来。因此，自然教育指导师要将活动中传播的知识、态度和价值观与日常环境友好的行为联系起来，指导参与者如何在自己的生活中做到对环境友好。

6.2.3 设计"场"的能力

(1) 设计"场"的五大要素

自然教育指导师在自然教育活动开始前要把"场"的布局控制好，包括以下五个要素：

①目的(为了什么)　目的是一个比较大而宽泛的概念，如一次自然教育活动的目的是让孩子们了解垃圾分类的意义、新能源的应用价值、珍惜可利用水或者生物多样性的意义等。

②目标　目标相对比较具体。一般的自然教育活动包括知识、情感态度和行为三个方面的目标。例如，在"珍惜可利用水"这个目的下的自然教育活动，它的目标分为以下三个：知识目标——参与者了解哪些水是人类目前可以利用的水资源、分布和污染情况；情感目标——如果人类继续浪费和污染有限的可利用水资源，参与者就会担心自己未来的生活和有负罪感；行为目标——参与者节约生活中每一滴水资源。

③行动方式，包括行程表和时间分配　自然教育指导师为了使活动顺利开展，要将本次活动的流程和时间安排都进行有序规划，这样才能保证所有的活动都能完成，以达到体验效果。自然教育指导师利用一张清楚的流程表格会非常有效。

④和其他成员分担任务　由于自然教育活动较多，参与者也较多，自然教育指导师需要团队合作才能完成任务。因此，在活动开始前，要把指导师团队人员的任务分配好，各负其责。

⑤规则、方针　活动规则和方针在选择自然教育活动时就要制定好，而且在活动开始前要确保所有参与活动的人都能熟悉和了解。这样才能保证所有活动能有序和顺利地开展。

根据以上五大要素，自然教育指导师可以制作一张活动计划书。然后将这份计划书与参与活动的协调单位或者个人进行协调，并在正式开展活动前，双方达成一致意见。

(2) 营造"场"的氛围——破冰

①破冰　破冰是在正式开展自然教育活动前，自然教育指导师用来消除紧张情绪和使彼此熟悉的一种方式。

②破冰的目的　因为自然教育活动主要是在非正规教育环境之外进行的一种比较松散和自由的教育方式，因此，跟正规的学校课堂教育相比，营造轻松的氛围和促进参与者主动参与是非常重要的，这也是破冰的目的。自然教育活动中为了"人人参与，每个人都成为主体"，需要破除像冰一样紧张的外壳，使大家融合在一起，这样就能够达成团队合作及培养互相的默契和信任(图6-7)。

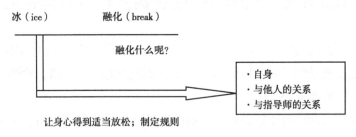

图6-7　自然教育活动破冰目的图示

③破冰的效果　破冰活动的成效主要包括四个方面：

第一个方面，成员之间的互相熟悉。参加自然教育活动不仅仅是获得自然知识，参与者通过活动还能交到更多的朋友，并且学会团队合作。因此，为了在接下来的活动中与其他人合作和互助，参与者们要彼此熟悉。指导师为了更好地引导参与者，也要在这个阶段尽可能快的熟悉所有参与者。

第二个方面，激发团队的活动。自然教育指导师要在破冰阶段，鼓励所有参与者在这次体验活动中为团队付出努力。

第三个方面，提高理解能力。自然教育指导师可以在破冰阶段，把一些活动的规则、道具和行为指导动作讲清楚，这样能提高在接下来的活动中参与者的理解能力。

第四个方面，统一集体的目的、协调大家的工作等。自然教育指导师要在破冰阶段激发参与者的集体主义感，统一大家的集体目的，并且说明如何配合才能完成这次的活动任务(图6-8)。

图6-8　自然教育活动破冰效果图示

(3)破冰的主要内容

破冰阶段,自然教育指导师的主要工作内容包括三个方面:

①互相认识　在破冰阶段,指导师和参与者互相认识的方法要尽量活泼和多样化,而且氛围要轻松。最常用的破冰方法是介绍自然名。介绍自然名的方法也有很多,可以参与者自己单独介绍,"我的自然名是'枫香',因为我家门前有一棵陪我长大的枫香老树";也可以采用滚雪球的方式介绍,如"我是四叶草旁边的兰花""我是四叶草旁边的兰花旁边的桦树""我是四叶草旁边的兰花旁边的桦树旁边的太阳"……还可以通过介绍自己左右边的同伴来彼此熟悉,如"我的左边是小溪,右边是向日葵"等;还可以通过彼此画画的方式,细致地了解学员(图6-9至图6-11)。

图6-9　破冰阶段,学员彼此画像

图6-10　展示画像成果

图6-11　破冰阶段所有学员都"面熟"了

自然教育指导师可以任何发挥想象,借鉴已有破冰方法的同时,自己创造更有趣的方法。

②运动身体　因为很多自然教育活动需要参与者消耗一定的体力,而在做比较剧烈或者连续性的活动前最好做一些准备活动,舒展身体。这样在接下来的活动中,参与者的手脚也打得开,活动后身体也不会不适。舒展身体的方法有很多,如在体育锻炼中各种舒展身体的准备活动,或者借助户外的树、小坡开展的小范围的肢体伸展运动。

③追求学习　在破冰阶段,自然教育指导师要充分激发参与者进入接下来体验活动的积极性,鼓励他们去户外学习自然知识和探索大自然的奥秘。指导师可以采取提问、展示道具等方式,引导参与者开始这次奇妙的自然教育之旅。

破冰的关键是了解参与者，引出参与者内心的想法。自然教育指导师要带着这样一颗心引导破冰环节。

6.3 自然教育活动过程阶段

6.3.1 自然活动指导师的介入

只要充分理解为了什么"目标"提供这个活动，自然指导师的介入就不会那么困难。同时，指导师在介入的时候始终秉持"体验学习的主体是参与者"这个立场，那么对处理与参与者的距离、介入的尺度等把控会变得容易。

指导师的介入可以反映出参与者的立场关系。通常自然教育指导师的介入分为三类：安全方面的介入、过度介入和活动中的介入，如图 6-12 所示。

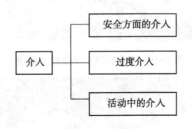

图 6-12　自然教育指导师介入类型

（1）安全方面的介入

自然教育指导师要明白不管做什么自然教育项目，安全永远第一。如果在自然教育活动中存在危险因素，指导师必须毫不犹豫介入到活动中。但同时，要是过度保护、过分介入的话，参与者就会产生依存心理。那么，自然教育师如何把握这个度呢？他们需要考虑这样两个问题：

①全体工作人员是否都把握了安全原则　自然教育指导师在上岗之前，一定要进行户外活动安全培训和医疗急救培训。同时，自然教育基地、旅行社等和自然教育相关机构也要有一本自然教育安全守则，用以给所有参与到自然教育活动中的指导师或者相关人员在活动之前进行阅读。如果自然教育活动是在一些特别的区域，参与活动的人员还要进行提前安全培训。

②自己是否完全掌握了活动指导技术　自然教育指导师要非常熟悉即将开展的自然教育活动过程和安全隐患，要提前进行初试，才能发现在活动过程可能存在的影响参与者安全的因素有哪些。同时，指导师要自己积累工作经验或者向有经验的指导师讨教一些经验教训，并记录在相关的活动手册中，以防今后执行活动的指导师犯同样的错误。

(2)过度介入

①在做活动提示的时候有没有过度介入　虽然在活动之前，自然教育指导师向各位参与者说明"目标"很重要，但是如果过度介入，传达了期待通过活动想让参与者感受到的东西，参与者以及集体所需要思考的解决方案等，其实这样是剥夺了参与者的学习机会，完成弱化了参与体验的优势，参与者就会有意识地进行活动，反而达不到理想的教育效果。因此，自然教育指导师要反思这样两个问题：

第一个问题——有没有提示活动的解决方法？

自然教育活动就是要让参与者去大自然中发现、探究自然的神奇和秘密。这个过程非常精彩，也充满了惊喜之情。也许有时候参与者发现的不是标准答案，但是那种惊奇之感也是终生难忘的。参与者要以自己的知识背景和情感投入为基础，去寻找大自然中真、善、美。如果自然教育师提示了活动的解决方法，整个探究过程虽然可以得到一致的答案，但是却毫无乐趣可言。

第二个问题——有没有说了让参与者感受的事情？

由于每个参与者的成长环境、知识结构和家庭背景都不相同，因此，面对同一种自然环境，他们的感受可能五花八门。自然教育指导师要让参与者自己去感受，然后表达出来。参与者对自然环境的感受没有对与错，只要是真实的感觉，他们就都有收获。每个人的感受是很主观的，也没有标准答案。在感受大自然的过程中，参与者才能真正拉近自己与大自然的距离，知道自己内心真实的体验。所以，指导师不要说出自然教育的感受具体是什么，要让参与者自己身临其境，然后表达出来。

②在活动中有没有过度介入　有时候如果指导师过度指导，就会剥夺参与者自身和集体感受、思考、判断、行动等自然教育学习所追求的这些要素。为了让自然教育指导师尽量不犯这个错误，需要思考以下几个问题：

第一个问题——是不是一直都是指导师在引导活动？

指导师要在自然教育项目"目标"的指导下指导活动的进行，但不是说他们就需要一直在引导活动。有的时候，需要参与者自己去发现一个问题后，自然进入下一个问题。记住，整个自然教育活动中，参与者才是"主角"。

第二个问题——在自然活动中，参与者是通过参与者之间的合作、讨论等来解决课题，还是因为指导师的引导解决的？

自然教育指导师在说出活动"目标"后，需要参与者自己制订活动计划来解决课题，而指导师只是在必要的时候提供一些方向性的引导，而不能代替参与者来解决问题。

第三个问题——对于参与者来说，指导师有没有成为超人或者表演者？

成为超人和表演者的指导师是非常累的，而且参与者也失去了探究的乐趣。也许参与者的活动计划并不完美，也各有千秋，这都没有关系。重点在他们发现的过程。如果参与者需要知识上的指导，指导师也可以给他们正确的知识作为探究的基础，但不要把活动最后的答案直接告诉他们，显得自己有多厉害。

如果指导师不参与进来的话，作为集体可能会解决这个问题，也可能是某个参与者被孤立在一边，但是作为体验活动的一个环节，这难道不就是需要集体和个人去思考的要素吗？这个机会就叫作"回顾"。过度的介入只会剥夺参与者学习的素材和机会。当然，如果出现孤立的参与者当然不是好事。参与者心理安全管理也是指导师安全管理中的重要要素。

第四个问题——在实际演练或者活动中有没有管理好活动的时间？

一般的自然教育活动都会提前做好计划和安排，但是在活动过程中难免会出现一些状况影响活动进程。这个时候就需要指导师管理好活动时间，不能因为某一个活动参与者特别热情就停留在那个活动较长时间，而影响其后的活动安排。

第五个问题——必须时刻意识到给参与者思考的空间，并且仔细考虑怎样回复参与者提出的问题？

没有思考的活动只是消遣而已。因此，在自然教育活动过程中除了让参与者"玩游戏"，还要让他们思考其中的道理和奥妙之处。自然教育是一种让知识鲜活的良好方式，参与者通过五感，接触大自然，观察和学习是让他们了解和熟悉大自然神奇的两种重要途径。

第六个问题——时刻意识到给参与者思考和行动的机会了吗？

自然教育活动中的"主角"是参与者，各种大自然的奇妙之处，是参与者通过活动去思考，通过行动去保护的机会。因此，在自然教育活动中，指导师要时刻意识到这个问题。

第七个问题——当课题很难达成的时候，有没有做特别的引导？

虽然参与者是自然教育活动的"主角"，他们需要自己去探究大自然的神奇之处。但是，对于不同的参与者体验活动的难易程度是不一样的。如果参与者在完成自然教育课题时表现得十分困难时，指导师要根据他们的难点，给予合适的引导，但是不要帮助他们完成。

(3)活动中的介入

自然教育指导师要反思在自然教育活动过程中是否存在过度介入的问题。可以回想一下,是不是一直都是自己在引导活动?是参与者自己探究解决了问题,还是自己引导解决了问题?对于参与者而言,自己是不是成为了一个表演者?

自然教育指导师如果一直介入参与者的体验活动,就会剥夺参与者自身和集体的感受、思考、判断、行动等自然教育活动所追求的个人成长要素。有时候会存在这样的场景——自然教育指导师如果看到有参与者被孤立时,就会对他或者她说:"请你一起过来体验吧!"如自然教育指导师不参与进来的话,可能这位学员所在的团队会解决这个问题,也可能他或者她依然被孤立在一边,但是作为自然教育活动的一个环节,这正是需要集体和个人去思考的要素。个人要学会如何融入集体,集体的领导者要学会兼顾每位团队成员的感受。而自然教育指导师的劝导和邀请,只会剥夺参与者学习的素材和机会。当然,出现孤立的参与者并不是一件好事。参与者的心理安全也是自然教育指导师安全管理中的重要要素。因此,自然教育指导师需要记住,自然教育活动的主体是参与者,指导师只是学习过程的辅助人员。

6.3.2 自然教育指导师的过程观察

自然教育活动中,要让参与者有自身的"意识"。过程观察就是自然教育指导师在参与者活动过程中把握住他们在怎样的关系中引起了怎样的变化。指导师将这个变化真正的内涵与参与者分享讨论,提炼出新的价值,这就是"回顾"的意义所在。因此,过程观察包括三个层次——集体主题、集体变化和个人变化(图6-13)。

(1)集体主题

因为某个最大因素的影响而引起了集体的变化,那么这个因素就是集体最需

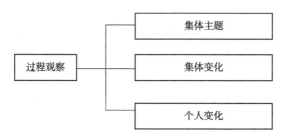

图6-13 自然教育指导师过程观察内容图

要关注和商讨的。指导师不能按照自己的思维路线去看待活动，要注意观察集体的变化。

在观察过程的同时，如果没有固定要回顾的主题，自然教育指导师也可以和参与者一起来思考。指导师可以从以下观察点来发现集体主题：

①所有的成员都是否把自己的想法口头表达出来了？

②有不满的样子，但是谁都没有表达出来。

③虽然没有解决课题，但看起来很开心。

④表面看起来氛围很开心，但是不能感到是发自内心的快乐。

⑤虽然没有作为指定队长身份来发言和领导行动，但是经常给集体好的影响，关注其他队友。

⑥有的参与者虽然一直在团队中锋芒毕露，在给集体做判断，但是看起来其他成员并不赞成。

⑦做出判断的时候是否全员参与？还是只有特定人参与？

（2）集体变化

自然教育活动不仅看结果，更要将视线放到活动的过程中。自然教育指导师在接收结果的同时，更需要关注和把握的是：为什么学员得到满足、为什么他们没有得到满足、团队的表现怎么样、团队成员在集体和课题解决中扮演了什么角色等，而掌握这些数据的方法就是活动观察。

因此，指导师的观察点有以下几方面：

①谁的发言引起了集体变化？（如催促休息、发牢骚、开玩笑、照顾其他的队友……）

②因为谁的行动引起了集体变化？（如擅自行动、率先挑战、无精打采……）

③由于什么样的自然环境的变化引起了集体变化？（如突然下雨、天气放晴、降温、高温……）

④由于什么样的地形状况变化引起了集体变化？（如路线变容易、变难、开放的景色、景色被遮掩……）

（3）个人变化

自然教育指导师在观察个人的时候没有局限性，可用多角度观察。指导师对个人的观察点有以下几方面：

①每个人都把自己的想法口头表达出来了吗？

②是不是虽然看起来不满，但是没有表达出来？

③和队友是否有距离感？
④只和某些特定队友关系很好。
⑤和所有队友都能轻松交流。
⑥积极主动在集体中做表率。

6.3.3 自然教育指导师协调技巧

自然教育指导师在协调活动的过程中要注意引导方法，一般的引导过程是：共有→发散→集中→共有。

在自然教育活动开始前，指导师为了突出本次活动的主题，要提出参与者共同的目标和任务，使参与者了解将要干什么。这是想法的第一次"集中"。接下来，在这个共有的目标和任务下，参与者参与不同的自然教育活动。在这些具体的自然活动中，参与者要根据自身的特点发散思维，想出办法完成任务。例如在制作植物画或树枝小手工的过程中，参与者可以根据自己的材料和想象力创作属于自己的作品；在讲述自己如何在生活中节约用电时，不同的参与者节约的方式是不同的。但是，自然教育活动不只是参与者"发散"自己的创意和见解，更重要的是在发散思维结束后，整理参与者的想法意见。通过整理，让参与者发现体验的"核心"思想是什么，如通过创意画和创意手工，让参与者发现"自然美"的核心；通过节约用电的行为，参与者发现"自己也能为环境和资源可持续发展贡献自己的力量"的这个核心。通过每次具体活动想法的集中梳理，逐渐形成一个关于大自然神秘而美好的中心轴。这样活动结束的时候，才能使所有参与者最终达成一致的体验目标和任务。因此，在自然教育活动中，必须要有"发散→集中"这个阶段(图6-14)。

（1）明确主张

对同一个主张，每个人的看法都不一样。自然教育指导师要减少模糊的、揣测的、感觉性的发言，抓住重点，明确自己需要发挥的作用。这样可以统一成员的认识，达到更好的效果。例如，自然教育指导师可以说："你可以说得再详细一点吗？"

（2）把握整体，从多个角度来讨论

自然教育指导师需要把类似的意见归纳成一个版块，然后促进大家去思考每个版块的意义，这就是指导师要发挥的重要作用。指导师可以这样表达："这个意见和这个建议很相似吧？""大家分享的意见可以归纳为三大块吧？""这个版块

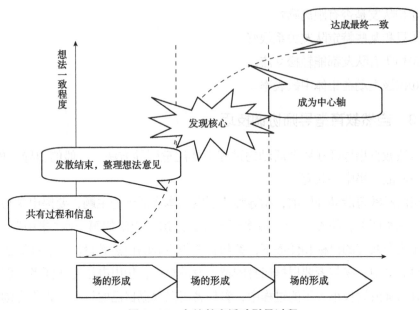

图 6-14　自然教育活动引导过程

内容是什么意思呢？是外表的问题对吧？"

整理归纳后可以有优先顺序排列，可以比较，也能明确议论的主题。

自然教育指导师要发挥自身的作用，尽量不要遗漏意见、想法和视点，让成员们从多个角度去思考、交流，例如，"你们观察到的只有这几点吗？有没有其他事例了？""某同学，你还没有发表对这方面的想法呢？""大家都表达出自己的想法了吧？"有时候意见和观点没有被充分挖掘，很容易得出一个不可靠的结论。

（3）活用图示记录议论点

自然教育指导师将学员讨论的内容用语言、图形等明白易懂的方式记录总结下来。这样做的好处如图 6-15 所示。

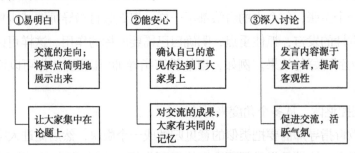

图 6-15　自然教育活动中图示记录优点框架图

自然教育指导师在整理参与者的观点和看法时，可以参考一些逻辑框架图标，这样就会一目了然，事半功倍。一般情况下，表示逻辑框架的图示有逻辑树（图6-16）、流程图（图6-17）、表格（表6-1）等。

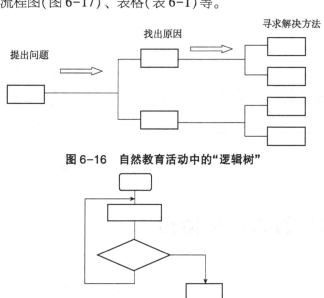

图6-16 自然教育活动中的"逻辑树"

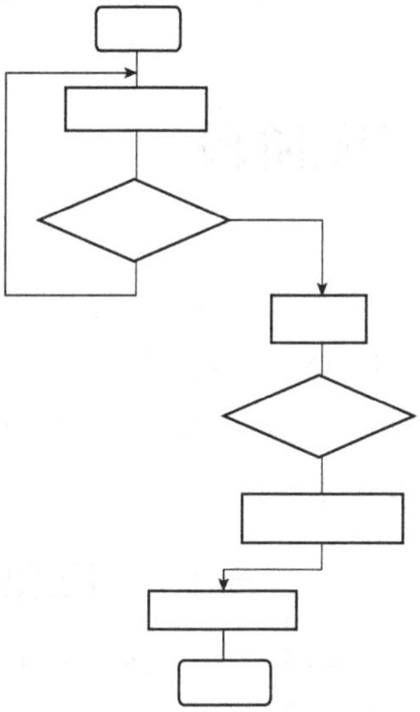

图6-17 自然教育活动中的"流程图"

表6-1 自然教育活动中的"表格"

观点	优势	劣势
管理		
组织形式		
成员的参与意识		
决策		

最终，自然教育指导师要追求达成一定的共识。所谓的"共识"就是：对每个人来说不一定是最好的方案，但却是通过全体成员的努力制定出所有人都支持的方案（图6-18）。

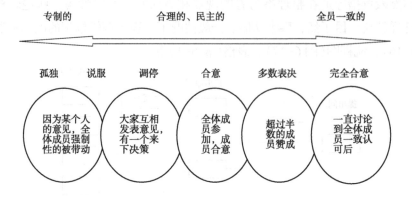

图 6-18　自然教育活动达成共识过程图

6.4　自然教育回顾阶段

自然教育活动的指导方法就是关注过程，将体验转化为学习，并带到日常生活中去。这是一个从参与者自己体验，到指导师指出体验关键点，再到参与者自己或者团队协同分析，最后通过体验与生活相结合的循环。而这个循环主要是通过"回顾"进行的，如图 6-19 所示。

6.4.1　回顾自然教育活动的主题

自然教育指导师在观察活动过程的基础上，鼓励参与者自己来总结这次体验活动的主题是什么。如果观察和感受到的实际情况与活动前设定的目标有出入，也不要太拘泥于目标，要针对参与者真正感受到的事情来进行回顾总结。

但是，如果自然教育指导师一直以教育者的姿态去教导、评价，一直担任领导者的角色，那么他并不是一个体验学习指导师应该扮演的角色。

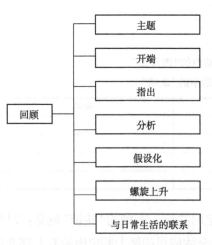

图 6-19　自然教育活动回顾内容框架图

6.4.2 回顾的开端营造一个可以轻松表达的氛围

沉闷的氛围或者检讨会的氛围、被评价的氛围,都会让参与者有所准备,而不说出自己真实的感受。而如果自然教育指导师能制造一个轻松、容易吐露心声的氛围,便可以创造出新的价值或者感受到意想不到的神奇之处。

在轻松的氛围中和内心对话,找出参与者对自己来说最重要的东西就叫作"回顾"。但自然教育指导师要注意的是,轻松的说话氛围,不是说一直在开玩笑。如果出现打扰发言者的情况时,他们就需要做出正确的引导,具体做法如下:

①准备好回顾用的纸张。

优势:可以将回顾的要点总结在一起。

劣势:可能只能挖掘一些表明的东西。

②让每个人自己花时间写回顾日记。

优势:不用受到别人的影响,可以将自己的想法写下来。

劣势:大家回顾的观察点都不一样。

③向所有参与者提问。

优势:可以找出共享的主题。

劣势:容易受到他人想法和意见的干扰。

④用颜色或者形状表达心情。(也可以用其他媒介)

这种方法通常用于年龄较小的参与者,因为他们还不会写字或用很多的词汇表达自己的感受。图形或者颜色可以看出他们的想法。

6.4.3 确认自然教育活动的内容

自然教育指导师根据对参与者发言内容的确认,可以让参与者更容易去整理自己的想法。特别是对于那些没有积极主动发言,不知道该说什么的参与者来说,指导师能够边提示边倾听,提示在活动过程中他们具体所经历的事情,参与者更容易发言。

自然教育指导师的提问有很多方法,但注意不要过于勉强。有的时候等待对于指导师来说也是很重要的一项技术。同时还要注意的是,不要只是指导师和发言者之间的交流,还要有包括指导师在内所有参与者实现互相交流,共同分享。大家彼此之间营造一个深入学习的机会非常重要。因此,自然教育指导师要反思以下问题:

①是不是指导师一个人在发言呢?

②有没有做大家表现好，表现不好的评价呢？

③是不是只提类似于"怎么样？"这类抽象的问题呢？

自然教育指导师掌握提问方法很重要，以下是要注意的地方：

①不要提抽象的问题 如"现在的心情怎么样？""现在有什么感想？"，而是需要提问能够轻松回答的问题。

②提问用数字、是或否限定答案的问题 如"现在的满意度是多少？""现在的心情好还是不好？"

③提问可以自由发言的问题 如"对于自己团队有什么想法吗？""如何看待自己的表现？"

④从参与者的角度去倾听，有意识地去确定发言内容，同时，也有意识地促进其他参与者对发言内容的理解 如"对于某某说的事情，是这么一回事吗？""这个说的是……情况吗？"

6.4.4 分析自然教育活动过程

(1) 有没有协助参与者去思考为什么会这样

在回顾的过程中，自然教育指导师指出活动中发生的事情后，下一个阶段是去思考"为什么会发生这样的事情"。回顾不仅仅是一个发表感想、汇报总结和反省的场所，而是通过体验，即便是早已明白的道理，能够让参与者提供观察过程中的一些情况，做有效果提问是评价学习成果的关键。

在分析阶段，自然教育指导师需要确认的事情有以下几个方面（如果参与者的发言中有类似下面的话，其实他们是避开了思考"为什么会变成这样？"）：

①参与者回答："对于……没有做好，下次一定努力"，对于没有做好的事情，下次要做怎么样具体的努力呢？

②参与者回答："……一直是这样的……"，他们自身感受到的是什么？想怎么做？有没有满足于同样的事情？有没有害怕去改变？

③参与者回答："因为自己判断了……"，他们是怎样做出判断的，当时想怎么做？有没有感受周围的伙伴是怎么看待自己的想法的？周围的伙伴帮助他做了些什么？

(2) 有没有帮助参与者去思考内在的、本质的问题

让参与者思考"为什么"的时候，自然教育指导师必须注意的是有没有引导他们去思考内在本质性的问题。当提问"为什么"的时候，我们发现很多的回答

可能是物理因素、自然环境或者方法论。即便这些理由都是事实，我们必须带领参与者思考的是，在当时的情况下，参与者感受到的是什么？他们当时是怎么想的？当时做了怎么样的行动？

作为指导师，需要引导参与者去思考这些内在性的东西。这样给参与者提供了一个正视自我、纠正看待问题想法、思考集体团队价值等的机会。

因为自然教育活动本身的冲击性很强，所以很容易让大家只关注活动本身。但是不能忘记的一点是，任何的自然教育活动都只是学习的素材而已，活动本身不是目的，学习思考才是关键。因此，自然教育指导师需要确认以下方面：

①"为什么会变成这样？"有没有变成方法论的思考。

②有没有把问题转嫁到自然环境上？让参与者思考自己当时是怎样看待和对应那样的情况。

③有没有把问题转嫁到物理因素上？思考是不是当时自己觉得物理因素上无法做到，或者是不是期待会有人帮助自己做。

（3）对立意见的处理方法

在自然教育活动快要结束时，自然教育指导师需要消除参与者之间对立的想法，引导大家达成一致意见，最终总结出一个结论。

①把对立的意见当作机会　在自然教育活动中，参与者对一种现象、一个观点或者课题的解决方法存在不同的意见是常有的事。但是，这些发散思维最终是要解决一个社会问题或者环境问题的。为了达成自然体验的目标，自然体验指导师在一系列体验活动后一定要将大家不同的想法进行归纳和总结。参与者观点的对立不是单纯的是非问题，而是用自己独特的视角来观察。

一般人们从一个事物或者问题的对立面来思考问题，会更周到和全面。因此，在自然教育活动中对立并不可怕。

②消除对立的方法是多样的　对于在自然教育活动过程中产生的对立或者意见不合，自然教育指导师需要发挥以下两大作用：第一，展示给大家解决问题的方法是有多种的或者看待一件事物的视角是多样的，扩大交流的范围；第二，让大家思考"自然教育活动本质上想做的是什么？或者活动的本意是要传递什么信息？"，促进互相的理解。例如，在"野生动物栖息地减少"这个主题活动中，保护栖息地的方法在政策、经济和教育层面的活动非常多。在经济层面可能有些活动是与保护与发展的协调方面对立。每个参与者都可以阐述自己的观点，但最终要找到共同的解决方式(图6-20)。

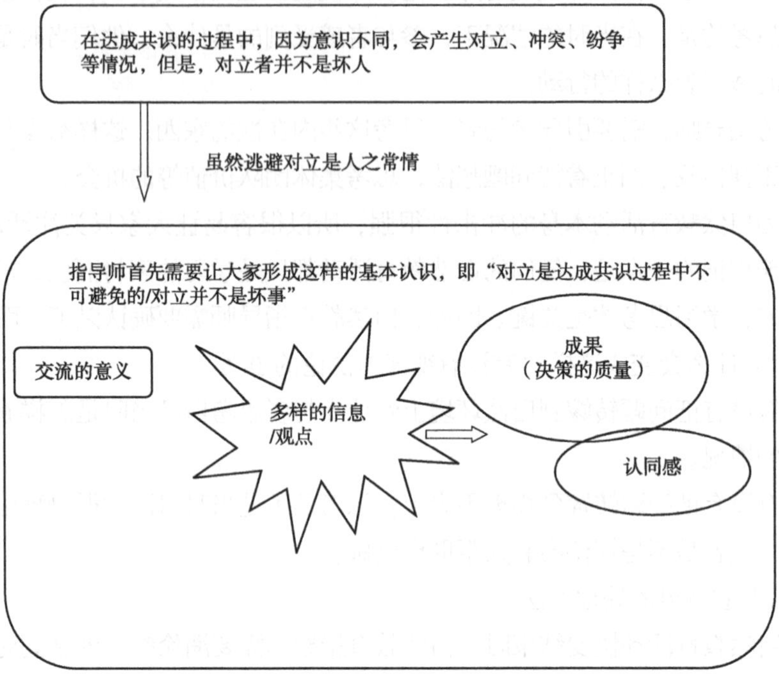

在达成共识的过程中，因为意识不同，会产生对立、冲突、纷争等情况，但是，对立者并不是坏人
虽然逃避对立是人之常情
指导师首先需要让大家形成这样的基本认识，即“对立是达成共识过程中不可避免的/对立并不是坏事”
交流的意义
多样的信息/观点
成果（决策的质量）
认同感

图 6-20　自然教育活动中处理对立意见过程图

通常而言，消除对立的方法有三种——回避、竞争和合作。图 6-21 是一个用这三种方法消除对立的例子。

姐妹两个人因为一个苹果争吵
回避
回避对立，搁置争端
·延期
·让他人做决定
·父母生气了，两个人都失败
·等奶奶回来让她做决定
竞争
双方各持有自己的观点
·妥协、说服、让步
·多数表决
·一半一半
·根据体格来分配
·年长的姐姐做出让步
合作
根据相互要求、需求的优先顺序征得同意，消除对立点
·姐姐想要果皮做果酱，妹妹想吃果肉，其他方法呢？

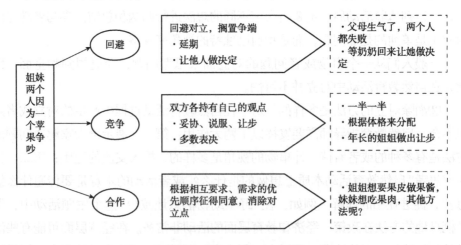

图 6-21　自然教育活动中处理对立意见方法图

由以上三种解决对立的方法可以看出，回避和竞争并不会让问题根本解决，而只有合作才能了解对立者的真正立场和根本想法。所以，自然教育指导师要在自然教育活动促成合意时尽量采用合作的方式。合作的前提是，指导师首先要了解大家对立的原因是什么，是从什么立场出发来看待和解决问题的。然后才能找到有可能合作的方式和渠道，最终达成合意。

③挖掘出语言里包含的真意　在自然教育活动过程中，自然教育指导师要善于倾听，并挖掘参与者语言深处的东西（图6-22）。为了让大家思考"大家到底想做的是什么？"，指导师需要去思考以下的内容：

第一，这个人带有什么目的？

第二，这个人持有什么样的观察点？

第三，这个人处于什么样的立场？

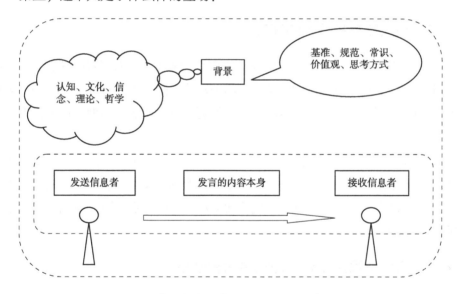

图6-22　自然教育活动中挖掘语言信息的过程图

在了解参与者观点的时候，自然教育指导师首先要掌握参与者的个人背景，包括学历、文化背景、信念、生活哲学和理论基础等方面，因为这些因素会影响他们的行为基准和规范、生活常识、个人对社会和环境问题的价值观以及思考方式。每个参与者的发言信息都是基于以上背景。因此，指导师根据参与者的言行接收到参与者的信息，能反映出他们的背景。指导师在形成最终的合意时，要考虑到参与者的这些背景，尽量照顾所有背景参与者的想法，比较全面达成大家都能理解和赞同的合意。

6.4.5 自然教育指导师的反思

自然教育活动结束时，指导师还要反思以下问题：

①参与者有没有表达出意识到的和学习到的东西呢？

②参与者还是否需要多学一些其他方面的知识呢？

自然教育指导师在整理回顾的同时，适当的掺杂一些人际关系论、行动科学、集体论等小课堂，能让参与者得到更清晰的认知。指导师的实践经验非常重要，但也不能疏忽理论的学习。因为各种与自然教育相关的理论能给活动指明改进的方向和弥补一些不足之处。

③有没有强加了与"回顾"没有关联的东西？

与本次自然教育活动无关的话题就不要在这珍贵的时间里浪费太多。

6.4.6 自然教育指导师的提升

自然教育指导师不能仅仅停留在本次的活动表现总结当中，还有思考以下问题：

①在这次活动中意识到的以及学习归纳好的东西是可以带到下次活动中去的吗？特别是对于一系列主题的活动，指导师要在上一次活动中埋下伏笔，吸引参与者来参加下一次的活动。

②有没有将意识和学习到的东西，关联到日常生活中去？指导师重要的作用是给参与者指出正确的方向，将今天活动后意识到的和学习到的东西能够让参与者带到下次活动中去。这不仅关系到这次活动之后的开展，更关系到与日常生活的联系，实现学以致用。

6.4.7 自然教育活动要与日常生活相联系

自然教育中，所有体验的关键是与日常生活的联系。对于自然教育指导师而言，虽然是比较难的提问，但是在回顾过程中提及他们的生活不仅仅是唤起参与者情感方面的思考，更加重要的是希望他们在日常生活中的行为能够持续不断地去改变、成长。

"在日常生活中，当压力过大，精神上备受打击的时候……""在学校或工作中碰壁的时候，会怎么做呢？"等提问，能将自然教育和日常生活相关联，努力帮助参与者去思考自我，去改善自己的生活态度、生活方式等。

第7章

自然解说

自然解说是一种非正规的自然教育形式，主要是在传统的学校教育以外进行的自然教育。在很多国家，解说都是一门专业，有其自身的定义和研究方法。世界上的大部分发达国家和地区都有自己的解说协会。协会帮助全国解说事业的发展，并培训有意从事解说事业的人员。美国国家解说协会是全世界影响力最大的解说协会组织，它独立于美国国家公园署以外，但是又与美国国家公园署在很多领域充分合作，在国家公园管理和自然教育方面发挥了巨大的作用。

7.1 解说的定义

比较早被广泛接受的解说定义是弗里曼·提尔顿（Freeman Tilden）提出的。弗里曼·提尔顿出生于美国马萨诸塞州。他毕生致力于环境保护工作，并且特别强调国家公园在美国文化的象征性意义。他曾担任过四位国家公园署署长的顾问。他认为："解说是一种教育活动，其旨在通过原始事物，凭借游客的亲身经历，借助于各种演示媒体，来揭示当地景物的意义及其相互关系，而非传达一些事实。"这个定义明确表述了解说的实质，不仅仅是传达信息本身，而是一种让人们的知识、情感、态度、行为发生变化的环境教育活动。

随着旅游活动的进一步发展以及居民休闲活动的需求变化，环境解说的内涵不断完善和发展，一些国际组织提出了自己的解说定义。

加拿大国家公园署对解说的定义为："解说活动着力于鼓励对公园自然价值的了解和享受，以及发展人们和其赖以生存的自然环境关系的意识。"

加拿大解说学会1976年对解说提出的定义是："解说是一个交流的过程，它通过公众对物体、人类创造物、景观、场地等的亲身体验，揭示文化遗产和自然遗产的内涵及其与我们的关系。"

除了一些国际组织提出了自己的解说定义，一些国内外学者也提出了自己对解说的理解。

Brown（1971）认为，"环境解说是一种沟通环境知识的意识交流、手段与设施的综合体，目的在于引起对环境问题的思考、讨论及产生环境改造行为。"

吴忠宏（2000）认为，"解说是一种信息传递服务，目的在于告知及取悦游客并阐释现象背后所代表的含义，满足每一个人的需求与好奇，激励游客对所描述的实物产生新的见解与热忱。"

虽然解说的定义有不同的表达方式，但是我们可以看出这些定义中都强调解说是一个过程、一种表现，通过解说，游客亲身观看、学习与感受，透过第一手的体验得到启发。自然解说跟语言翻译的作用相类似，都是将公众不了解的东西，以他们能听懂的语言表达出来。解说员必须擅长沟通，并对所负责景点的自然与文化历史相当熟悉。

解说的最高意境是解说员将原本丰富的游憩体验，提升至神奇的境界，万事相互结合，知识和经验是没有负担的喜悦，所以可获得更多的生活乐趣，更了解个体在大自然的地位，并对未来有更正面的期待(图7-1)。

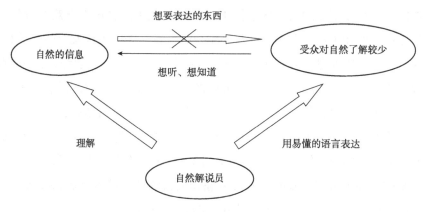

图7-1　自然解说员的作用示意图

7.2　解说原则

解说先驱提尔顿率先提出了解说六原则。这六个原则无论在人员解说还是非人员解说媒介，至今仍然非常实用。

7.2.1　解说第一原则

解说第一原则——没有设法将所展示或描述的内容与游客内在的个性或经历相联系的解说，都是没有效果的。那么如何将解说内容和形式与游客产生关联呢？

第一件要做的事是留意游客的社会背景特征，了解他们的生活。游客的性别、年龄、教育程度、行程安排、本地或外地等因素都会影响解说方式。解说员需要仔细想想这些特性，进而选择适当的方法，以激发游客的兴趣。例如，老年人对于和过去有关的主题有极大的兴趣。他们喜欢回想过去，有时解说会触发一些重要的回忆。老年人非常喜欢解说中的深度内容，他们的经历与知识让他们可以串联一些概念。他们久经事故并对复杂的生命循环或长期的过程能联想得更明白，如自然更替。六十年的树龄或者一百年的建筑对老年人的意义远大于它们对儿童或者青少年。一些身体上的限制可能阻碍老年人的参与，这些限制包括精力、视觉、听力和行动力的下降。然而，所有这些老年人普遍存在的身体问题是可以减轻的，如较短的行程配合那些体力不好的人；字大一点的解说牌给那些视力不佳的人；行动不便的人引导他们去坡缓的景点等。老年人喜欢与同伴互动。解说员要在同伴间创造一个热心且互相配合的气氛。老年人普遍比较喜欢白天活动，晚上休息。假如某一景点有很多的重游游客，解说员就要经常改变解说内容，或安排一些特别的活动，来持续吸引游客的兴趣。针对重游游客，解说员可以提供一系列的项目，每一阶段增加主题的深度。对于乡村游客，解说员用飞机或地铁来比喻就不恰当了。同样的，城市小孩可能不知道自己吃的食物和水是从何而来。城市里的孩子体会打谷、犁田、摘菜、采茶等农业生产活动，了解食物是怎么来的。外国游客可能很需要具有翻译语言的解说牌或者解说手册。此外，同样一段历史，外国人和中国人的认知可能是不同的。

  第二件是运用富有想象力的信息解说，如举例、类比、夸大时序、比喻、轶闻、引述、幽默、时事等。北京自然博物馆有一个非常受欢迎的游戏就是与古动物比体重。参观者站在一个特殊的秤上，就能与不同恐龙比体重了。如一只暴龙可能是参观者体重的 22 倍！经过这样的对比，参观者就能感受恐龙究竟有多大了。解说羊蹄甲这种植物的时候，解说员可以拿它的叶子形状进行类比，比如像羊的蹄子。解说员也可以向学员提问，充分发挥他们的想象力。笔者在一次带领小学二年级的小朋友观察羊蹄甲叶子的时候，有位小朋友就说羊蹄甲的叶子像屁股。这个比喻多么形象啊！因为南方的小朋友没有见过羊的蹄子，她就用身边的事物进行了比喻。有时候一些轶闻也是具有吸引力的，如清朝的雍正皇帝认为用象牙是一件很残忍的事情，所以下令禁止进贡象牙席。有时引述名人名言也是一种好的方法，如纪录片《西安城墙》第一集的开头，就引述了前美国第一夫人米歇尔参观城墙后的日记："这是一座饱经战争、饥荒和朝代兴衰的城墙。"

7.2.2 解说第二原则

解说第二原则——信息本身并不是解说。解说是在信息基础上的内容揭示，但所有解说里都包含着信息。解说的目的不应只是提供信息，而是揭示更深层次的意义与真理。米尔斯就曾经这样解释这种现象："就我经验而言，常犯的错误有以下几点：直接从书中摘录；未经适当的语言转换；太学术化；像学校老师给予压力。因此，解说已演变成太过沉闷的事情了。"第二原则是说明如何适当地使用信息，以及分辨什么是信息，什么是解说。米尔斯建议："最好的解说员是当他在讨论事实时，能在解说过程中付诸想象力和推理能力。"当然，所有的解说都包含信息。如果解说中没有蕴藏信息，则该解说充其量只是娱乐。例如，有些解说员表演魔术或者游戏，这些活动可能是相当好的娱乐，但如果没有提供信息，它就不能算是解说。然而，并非提供信息就是解说。解说员在游客中心或者入口处，也向多数游客有效地提供很多信息，如天气情况、如何乘车、哪里有休息处等，尽管这些信息对游客也很重要，但它们都不是解说。由此可见，解说并不仅仅是信息而已。

如北京南海子麋鹿苑的环境解说就深刻挖掘了"麋鹿苑"这三个字的自然和文化含义。在这里，解说员不仅仅只是解说麋鹿的习性，而且还升华了其保护的意义。麋鹿作为活的自然保护遗产，经过三十多年的保护，正是人与自然和谐共处的自然与文化的传承，是中华民族厚德载物精神的具体体现。麋鹿保护的成功案例为世界野生动物的保护提供了中国样本，是中国对世界生物多样性保护做出的杰出贡献。园中把麋鹿与其科学发现者的关系做了交代：麋鹿，古称麈，俗称四不像。法国神甫戴维1865年在北京南海子获得标本，次年由巴黎自然博物馆米勒·爱德华馆长鉴定后公布于世，外文名称因发现者而被称为"戴维神甫鹿(Pere David's deer)"。北京南海子公园是麋鹿的科学发现地即模式种产地，以志纪念。公园解说内容中还讲述了麋鹿重返故里的故事——英国第十四世贝福特公爵，他的祖上，第十一世贝福特公爵在100年前接收了散失于欧洲的18头麋鹿并在其庄园乌邦寺复兴了麋鹿种群，使这个流离失所、濒临灭绝的物种转危为安。而他的曾孙即第十四世贝福特公爵，于1985年毅然将麋鹿送还中国，使麋鹿终于结束其漂泊海外近一个世纪的华侨生涯，得以还家。游客通过麋鹿苑的解说，可以知道贝福特家族拯救麋鹿的故事。

麋鹿苑除了解说麋鹿发现和种群重建的历史事件外，还充分展示了麋鹿苑这个地方的历史脉络。公园用一个巨大雕像"乾隆大阅图"来展示其在清代作为皇家猎苑的风貌。园中的浮雕作品取自清代宫廷画家郎士宁的国画"乾隆大阅图"，雕像正面刻着乾隆在南苑所书诗句："绿野平铺天鹿锦，好教亲试佶闲骝。"这种解说展示令人认识到了麋鹿与皇家猎苑及中国文化历史人物的渊源。除此之外，园中一块自然石矗立在文化园的湖畔，上书"南囿秋风"四个大字。"南囿秋风"既作为明代燕京十景之一，还是明代大学士李东阳的一首诗"南囿秋风"的标题，全文刻于巨石背后的这首七律，其中，"落雁远惊云外浦，飞鹰欲下水边台"，生动地为参观者呈现出明代南海子生机勃勃的湿地景观，以人文内容点缀自然状态，作为一个生态文化类的博物馆，起到了画龙点睛的作用。

由以上例子可以看出，北京南海子麋鹿苑比较全面地展示了"麋鹿"背后的信息，包括麋鹿种群的发现、恢复，以及作为清代皇家猎苑的雄伟和燕京十景的秀丽。

7.2.3 解说第三原则

解说第三原则——无论信息的种类是什么，解说都是一门艺术，是多学科的融会结合。艺术的表现形式有很多，如诗词歌赋、绘画、戏剧、一般的故事、音乐、舞蹈、影视作品等。在一次解说活动中，你既可能是一个老师，也可能是一个演员或者说书人。

(1) 诗词歌赋

中国古代的诗词歌赋是中国文化的重要传承和精华之一，包含了古人的智慧、观察和雅致的表达。同时，由于音律上的讲究，诗词歌赋读起来都朗朗上口，十分容易记忆，是解说的重要表达方式之一。古代不少的文人都表达了自然万物与诗词创作之间的关系。

刘勰在《文心雕龙》中写道："诗人感物，联类不穷。流连万象之际，沉吟视听之区。写气图貌，既随物以婉转；属采附声，亦与心而徘徊。故灼灼状桃花之鲜，依依尽杨柳之貌，杲杲为出日之容，瀌瀌拟雨雪之状，喈喈逐黄鸟之声，喓喓学草虫之韵。"

郑樵在《通志·昆虫草木略》中写道："夫诗之本在声，而声之本在兴，鸟兽草木乃发兴之本。汉儒之言诗者，既不论声，又不知兴，故鸟兽草木之学废矣……"

牛津大学历史学家基思·托马斯认为，对于"草木物类"的世界而言，"文学是最好的向导"。草木演变出生态世界万千奇观，滋养沐浴一代代人的智慧、情感和好奇心，从而使万物得以命名和联系，并不断相互完善。如对于山矾这种植物的解说，就可以引用"高节亭边竹已空，山矾独自倚春风"，来说明它早春开花的特征。中国动物博物馆关于蝴蝶的解说设计中，就有一面墙是关于蝴蝶文化的，如诗句"穿花蛱蝶深深见，点水蜻蜓款款飞"等（图7-2）。这些诗句极大地提高了参观者的兴趣。

中国古代文人非常喜欢托物言志，借物抒情。将人类的情感付诸于一定的自然物，然后借物来表达自己的思想和情感。如古人常常借柳树来表达离别的不舍之情，因为"柳"的谐音是"留"。所以古代有很多诗歌都用柳树这种植物表达依依惜别的情感状况。《诗经·大雅·采薇》："昔我往矣，杨柳依依，今我来思，雨雪霏霏，行到迟迟，载渴载饥，我心伤悲，莫知我哀。"《世说新

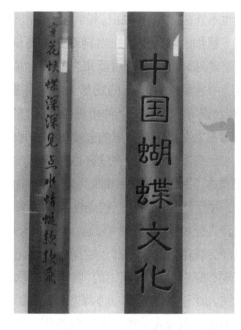

图7-2 中国动物博物馆用古诗解说蝴蝶文化

语》："昔年移柳，依依汉南；今看摇落，凄怆江潭。树犹如此，人何以堪。"李白在《忆秦娥》中写道："箫声咽，秦娥梦断秦楼月。秦楼月，年年柳色，灞陵伤别。乐游原上清秋节，咸阳古道音尘绝。音尘绝，西风残照，汉家陵阙。"柳宗元在《种柳戏题》中写道："好作思人树，惭无惠化传。"王维在《洛阳女儿行》写道："画阁朱楼尽相望，红桃绿柳垂檐向。"而竹子在古人看来四季常青，坚韧挺拔，代表了一种不屈不挠的精神，所以郑燮写了一首《竹石》来表达自己的情操："咬定青山不放松，立根原在破岩中。千磨万击还坚劲，任尔东西南北风。"苏轼也同样通过竹子表达自己高洁的人生情怀。他在《於潜僧绿筠轩》中写道："宁可食无肉，不可居无竹。无肉使人瘦，无竹使人俗。"梅花是岁寒三友之一，花中四君子之首。自古以来，人们都赞美它的傲雪精神，不与百花争春的高洁美。梅花在人们心目中斗雪吐艳、凌寒留香、高风亮节的形象，鼓励着人们自强不息、坚韧不拔地去迎接春的到来。因此，古代无数文人志士都写诗歌颂梅花，唐代朱庆馀《早梅》："天然根性异，万物尽难陪。自古承春早，严冬斗雪开。艳寒宜雨露，香冷隔尘埃。堪把依松竹，良涂一处栽。"把梅花的生长习性和文人赋予梅花的精神写得淋漓尽致。宋代诗人林逋甚至一生都以梅花为妻子。可见他对梅花的喜爱。毛泽东同志甚至也被梅花的这种不畏严寒的精神所打动，写下了著名的词作《卜算子·咏梅》："风雨送春归，飞雪迎春到。已是悬崖百丈冰，犹有花枝俏。

俏也不争春，只把春来报。待到山花烂漫时，她在丛中笑。"

植物学家吴征镒先生喜欢把古诗词中的植物摘抄在小卡片上，从时间、人事、地理环境等多个层面来考察特定植物的远古信息。那是一个相互凝视的时空，寻常草木有各自的场景、感念和安慰，深度参与着人世间的冷暖与悲欢。"花自飘零水自流，一种相思两处闲愁"，自然草木有着无限丰富的可能性，承载着古人在一定时空里的全部情感和思绪。

一些自然景点自古以来也引来无数文人骚客挥毫泼墨。这些诗词借用自然环境表达了诗人的情感和理想，承载着中国的自然风物和历史文化，如宁夏的六盘山，由于地理位置和气候条件都很特殊，因此，有很多有关六盘山的古诗词。唐代诗人杜甫的《近闻》中写道："近闻犬戎远遁逃，牧马不敢侵临洮。渭水逶迤白日净，陇山萧瑟秋云高。崆峒五原亦无事，北庭数有关中使。似闻赞普更求亲，舅甥和好应难弃。"其中的"陇山萧瑟秋云高"映衬了天高云淡六盘山的豪壮。唐代诗人沈佺期在《陇头水》写道："陇山飞落叶，陇雁度寒天。愁见三秋水，分为两地泉。西流入羌郡，东下向秦川。征客重回首，肝肠空自怜。"南北朝诗人柳恽在《捣衣诗》写道："行役滞风波，游人淹不归。亭皋木叶下，陇首秋云飞。寒园夕鸟集，思牖草虫悲。嗟矣当春服，安见御冬衣。"宋代词人万俟咏的《忆少年·陇首山》写道："陇云溶泄，陇山峻秀，陇泉鸣咽。行人暂驻马，已不胜愁绝。上陇首、凝眸天四阔。更一声、寒雁凄切。征书待寄远，有知心明月。"明代诗人马文升的《秦陇道中》中写道："问俗昔曾过陇山，西征今复出秦关。雁声叫日迷寒渚，枫叶经霜带醉颜。世路羊肠千里曲，功名蜗角几人闲。林间鹦鹉能言语，笑我年来两鬓斑。"诗中所写初秋红叶满山的风光，是六盘山层林尽染的形象写照。1935年10月7日，红军在宁夏六盘山的青石嘴，又击败了前来堵截的敌骑兵团，扫清了阻碍，摆脱了追敌，当天下午，一鼓作气，翻越六盘山。因此，毛泽东同志写了一首著名的《清平乐·六盘山》："天高云淡，望断南飞雁。不到长城非好汉，屈指行程二万。六盘山上高峰，红旗漫卷西风。今日长缨在手，何时缚住苍龙？"这首词既抒发了毛泽东及其率领的中国工农红军不畏艰难险阻、胜利完成长征的英雄气概，又表达了他们誓将革命进行到底的豪情壮志。

岳麓山景区就在步道两旁的道路指示牌上写上了很多关于岳麓山的古诗，游客在看方向的同时，还能从古诗中感受古代文人对岳麓山的感受和情怀，如唐代诗人杜荀鹤的《题岳麓寺》："鹤隐松志尽，鱼沉槛影寒"，唐代诗人骆宾王的《春晚从李长史游岳麓道林》："落蕊翻风去，流莺满树来"，南宋诗人张栻的《和石通判酌白鹤泉》:"满座松声开节奏,微澜鹤影漾瑶琨",明代诗人王守仁的《登岳麓》:"灵脉本无源,因鹤漱玉泉。自非流异禀,谁织涧中仙。"清代诗人王懿德的《春登岳麓》:"昨有青山梦,今寻岳麓春"。游客从这些诗句中能感受到诗人当时的心境和岳麓山在古代的自然环境特征。因此,这是一个非常好的用古诗解说的案例(图7-3)。

事实上,很多自然教育机构在开展活动的时候,也会选用古代诗歌作为解说这种植物的方法。如无痕中国在开展有关黄河湿地植物的活动时,就会跟学员们分享《孔雀东南飞》中的句子:"君当作磐石,妾当作蒲苇;蒲苇纫如丝,磐石无转移。"通过诗歌解说香蒲这个植物的特征。

图7-3　岳麓山道路指示牌上的古诗

除了古代的诗歌,很多自然教育基地才华横溢的科普人员也创作了很多现代诗歌,如北京南海子麋鹿苑博物馆副馆长郭耕老师的生态诗就特别隽永。本书特地与热爱自然的朋友一起分享一下郭老师的作品。

假如我是一只鸟

假如我是一只鸟,

不仅希望你为我歌唱,

更乞求你拆去罗网。

假如我是一只鸟,

不仅希望你挥洒画笔,

更乞求你遏止杀机。

假如我是一只鸟,

不仅希望你为我舞蹈,

更希望得到相安无事的祈祷。

假如我是一只鸟,

不仅希望得到你的赞美和膜拜,

更乞求你高抬贵手,免开尊口,

不抓、不吃、不笼养、不买卖。
假如我是一只鸟，
感谢你对我做的一切好意善举，
我会以加倍地美好回报，
给你更多的莺歌燕舞，鸾凤和鸣！
假如你真想"让鸟自由飞翔"，
就请销毁夹子、毒饵、枪弹和笼网，
作为"美丽中国"会飞的名片，
我会用双翼托起生态文明的希望。

自然保护誓言

为使地球生命繁荣灿烂，
为使子孙后代长治久安，
为了天地万物的生生不息，
为了人类社会的持续发展，
我们，作为自然保护的使者，
拯救生灵的卫士，
将以我们的力量、才智和爱心：
还河流以清澈，
还山川以绿色，
还大地以生机，
还天空以蔚蓝，
同在蓝天下，保护大自然，
同在蓝天下，共享大自然。
为了森林，为了碧水，
为了大气，为了环境，
为了地球上所有的生灵，
同在蓝天下，保护大自然，

同在蓝天下，共享大自然。

"吉祥三宝"之小果子狸
阿爸：我的妈妈为啥要被人抓？
吃啊！
他们是否还会杀我全家？
可能！
难道人类不懂天理报应？
理应知道啊。
滥食动物导致非典爆发……

"吉祥三宝"之小老虎
阿妈：昨晚为啥枪声响彻林子？
恐怖！
我的爸爸怎么找不到了？
遇难！
人与动物能否和谐相处？
但愿如此！
我们何时成为幸福的一家！

"吉祥三宝"之最后白鳍豚
阿妈：不要整天催我赶快出嫁。
为啥？
游遍长江没有合适男。
可怜！
缺吃少喝我们怎么活啊？
女儿别哭！
难道我是种族最后一代了？？？

"吉祥三宝"之笼中野鸟

阿妈：人类为啥把我关进笼子？
喜欢吧？
怕咱以后无法吃到虫子。
崩溃！
昆虫成灾他们有啥办法？
喷洒农药。
农药有毒伤害万物，还有全家。

荒野的自白

没有尘世的喧嚣华丽，
没有农田的整齐划一，
满目乱草杂树，四季演替，
盈耳鸟语虫鸣，昼夜有序，
落英缤纷，神采各异，
疏影横斜，斑驳陆离，
这就是我，荒野地，
我丰富的内涵，被视为良莠不齐，
我勃发的生机，被谬称疏于管理，
物欲凡俗之心，何谈野趣天成，
功利世故之眼，哪见美感灵气，
我就是我，荒野地。
原始的外表，杂陈的有序，
廉价的奢华，低调的高级，
荒野 WILDERNESS，
——一块神圣的处女地。

野兽悲歌之黑熊

人称我为"胆熊",

并非在夸我无畏胆大,

而是指我的胆汁可供取用。

他们为治病,便把我来伤!

他们要致富,便把我来抓!

终生身陷囹圄,永远开膛破肚。

苍天有眼呀,

这是活生生的虐待,

却被冠以"保护"之名,

供人"合理利用开发"。

野兽悲歌之海豚

我的家乡在大海,

水族馆充其量是个脚盆。

海豚表演,即为妻离子散背井离乡的代名词。

终日里只有长歌当哭、以泪洗面,

为一口果腹的食,

我上蹿下跳、疲惫地舞蹈,

没有自由空间、没有自己尊严。

海洋馆好似一口欲火熊熊的锅,

我一遍遍挣扎着上天,

又一次次重重地摔落。

飞溅的水花,便是我的泪水;

我叫天天不应,

只好企求刽子手:高抬贵手吧!

但愿我是最后的表演者。

我疑惑,你们自称心比海阔,

其实还欲比天高。

野兽悲歌之大鸨
可能你根本不认识我,
但准保知道"大宝",
那是一种令我不屑的油脂,
我们动物从来不用。
人类为了脸面煞费苦心,
却从不顾及动物们的尊严,
不仅给我起个羞辱性的名字,
还屡屡加害"上吃天鹅、下吃地鹚"。
请让我来告诉你:
大宝,只是一种擦脸的油 SOD,
大鸨,却是一种稀有的鸟 SOS。

野兽悲歌之画眉
是百啭千回的歌喉,
招致监禁之祸。
提笼架鸟的人们,
为我扣上精致的枷锁。
我呐喊着:"给我自由!"
我哭泣着:"我要老婆!"
长歌当哭,不仅没人理会。
甚而把这娥眉婉转的囚歌,
当作愉悦视听的享乐。
"光棍好苦、光棍好苦",
窗外自由的杜鹃为何身在福中还不知福?

野兽悲歌之海豹

人人都为礼品愁，

却不知北极海狗愁更愁。

为穿裘皮，当着母亲杀孩子！

为吃补品，活活割去生殖器！

一场场血染冰海的劫难，

是谁带给竖琴海豹，

丧尽天良的屠夫，谋财害命的商人，

还有购买海狗油的阁下。

湿地的礼赞

湿地是一掬活水，

湿地是大地之肾，

湿地是饮水之源，

湿地可缓解旱涝。

湿地提供鱼虾柴薪，

湿地是鸟兽爬虫之家，

湿地是观光圣地，

湿地……不是废地！

所以，你若破坏湿地，

就是戕害自己，

请珍视这活命之水，

请爱惜这生存之地，

保护湿地，

等于保护你的园邸。

保护动物拍手歌

你拍一我拍一，地球妈妈穿花衣；

你拍二我拍二，人和动物好伙伴；

你拍三我拍三，爱国爱家爱自然；

你拍四我拍四，争当绿色小卫士；

你拍五我拍五，野鸟不应做宠物；

你拍六我拍六，多吃青菜少吃肉；

你拍七我拍七，飞禽走兽要爱惜；

你拍八我拍八，迫害生灵害自家；

你拍九我拍九，青山常绿水常有；

你拍十我拍十，生态文明千秋事。

除此之外，郭老师还翻译了一首优美的印第安人的生态诗。

印第安人的"环保诗"
郭耕　译

野花草木，我姐妹，

飞禽走兽，我兄弟，

绿色大地，我之母，

苍穹深处有神明。

山河常在，

命运与共，

万物并存，

呼吸相同。

为了每种生命，

献出我的爱，

为了每个生灵，

捧出我的情。

——印第安人

(2) 绘画

绘画是用色彩表达内心世界对美的理解，也是普遍被接受的一种艺术表达方式，比文字传达的信息更通俗易懂。自古以来，世界上很多画家都是通过自然之物来展示美的哲学和生命的意义的，如王希孟的《千里江山图》、黄公望的《富春山居图》、赵伯驹的《江山秋色图》、朱耷的《孔雀竹石图》、莫奈的《睡莲》、梵高的《星月夜》《向日葵》《麦田乌鸦》等。这些著名的画作都是从自然事物中获取创作灵感而称为美之经典的。美国大峡谷国家公园就经常举办油画作品展。而张家界国家森林公园之所以声名鹊起，就是因为有吴冠中先生的画作。日本著名画家东山魁夷艺术生涯的代表作《山灵》的创作初衷，是他登临中国黄山时，眼见峡谷中的浓雾渐渐散去，谷间深处浮现出一帘瀑布，他被这深山灵气感动。基于这种感动，他创作了《山灵》这幅作品。东山魁夷把自然风景看作是人类的祈祷、山河的祈祷，而这种祈祷意识，是通过美来唤醒和表达的。事实上，我国很多少数民族都有其优秀的画作，如"西兰卡普"是土家族民族工艺中的一朵奇葩，又称"打花铺盖"，它是一种土家锦，以其独特的工艺和美妙的构图被列为中国五大织锦之列。自然体验活动中，有很多活动都是需要学员把美丽的大自然通过观察画出来（图7-4、图7-5）。

图7-4 学员在洋湖湿地公园画出眼前的树

图7-5 学员展示自己的画作——洋湖湿地公园水族箱中的鱼

（3）摄影

有越来越多的人喜欢摄影，在户外经常可以看到背着专业设备的摄影爱好者穿梭于各个自然风景优美的景区，如在泰山山顶就有很多摄影爱好者长期在日出前把各个观景点挤得水泄不通。随着智能手机的普及和不断的优化，普通公众用手机就能方便获得精美的画面。在各个景区都能看到随手一拍的人。人们也喜欢用照片记录下眼前美丽的风景。所以，自然景区也可以通过开展摄影大赛或者摄影展来解说景区不同时空的美，记录大自然的神奇。事实上，很多景区和机构已经在开始这些活动,如"树木传奇·美丽中国"全国摄影大赛、"森林四季"全国自然摄影大赛。组织方还可以进行环保老照片有奖征集,让人们从新老照片的对比中,发现环境的变化,如2020年深圳开展的"生态环境保护老照片有奖征集"活动。

(4)戏剧

戏剧是老百姓最喜闻乐见的艺术表达方式之一,在我国有很长的历史渊源和文化积淀,是解说信息的总和表示。例如,京剧就是我们的国粹。很多地方都有自己的地方戏,如豫剧、越剧、黄梅戏、花鼓戏、川剧、藏剧等。古老的语言中,唱出了当地古老的故事和文化习俗。这是展示当地文化非常重要的媒介之一。除此之外,一系列"印象"舞台剧、木偶剧、皮影戏或者儿童剧都是很好的解说方法。特别是很多儿童剧,剧中的角色都是以植物和动物为主旨来扮演的。

例如,北京南海子麋鹿苑就为参与者排练了一个独角剧《我对地球的贡献》,以下是剧本。

黑猩猩主持:欢迎来自世界各地的动物代表,本次动物联合国大会的主题是"我对地球的贡献"。下面请各位动物代表们上台发言。

大灰狼:我是一只来自北方的狼,在草原上奔波,在山谷中游荡。我一旦发现年老、体弱、有病的动物,便奋力捕杀,这样,既控制了草食动物的数量,又优胜劣汰地保障了它们的质量。这就是我——狼的贡献,对不?

大家:同意!

小鸟:春眠不觉晓,处处闻啼鸟。我是小鸟,我的歌声为世界带来美妙,我的存在使虫害减少,这算不算贡献?

大家:算贡献!

猴子:我们我们猴子,爱吃爱吃桃子……我们,吃进去的,是果子,拉出来的,是种子。我们四处野跑,一不留神就为植物扩散做了贡献。

大家:算贡献!

蛇:我被称为长虫,其实我是爬行动物,我的主食是耗子,我存在一天,耗子就一天不会泛滥,这算不算贡献?

大家:算贡献!

青蛙:呱呱,蛙满塘,谷满仓!我一年食虫至少上万,保护了庄稼、帮助了人类,算不算贡献?

大家:算贡献!

猫头鹰：我被称为夜猫子，因为我是夜行鸟类，我专吃耗子，不吃别的饭，算不算贡献我才不管。

大家：当然是贡献！

人类：(傲慢状)各位代表，我是人类，要算动物吗也得加上"高级"两个字，我们的贡献无与伦比，我们的影响空前绝后。我每分钟能砍伐30公顷森林，我每分钟能排泄85万吨污水臭水，我每一天净增的人口达25万，我能利用手中的先进技术把海中鲨鱼、金枪鱼捕捞得所剩无几……我能让江河断流，我们能让高山低头，我们已经发明了成千上万的化学产品，我们还制造了成百上千颗核弹头，我已灭绝了数以千计的野生物种，我们每年还在杀死上百亿头的野生动物……我们……

所有动物：无耻！残暴！谋财害命！

黑猩猩主持：镇静，大家镇静。一个一个说好吗？

鲨鱼：我先说，作为软体鱼类，我们鲨鱼在地球上进化了四亿年，虽是食肉动物，可我被称为海中清道夫。可是人类为喝鱼翅汤，便污蔑我是最危险的动物，大肆捕杀，真是欲加之罪何患无辞。

老虎：人类说什么老虎吃人，可如今地球上的老虎几乎快被人类给杀光了。

天鹅：人说癞蛤蟆想吃天鹅肉，可真正吃我们肉的不是癞蛤蟆，而是人类，只有人类才会枪杀我们，害得我们妻离子散、家破鹅亡。

狐狸：人说，狐狸再狡猾也斗不过好猎手，其实最狡猾的还是他们人类，只有人类才会设陷阱、下毒药，真是巧取豪夺，机关算尽啊！

麋鹿：人类管我叫麋鹿，我们当中的一些同伴因为误食塑料袋而死亡，人类还说我们傻，哼，他们自己不傻呀，污染了水还得喝水！污染了食物，还得吃饭！污染了空气，还得喘气……还管我们叫麋鹿，我看他们才是真正的"迷路"！

大熊猫：都知道我最爱吃什么吧？对，竹子。但知道我属于什么类动物吗？食肉动物？咋吃起素来了？原来在演化进程中，由于可食之肉越来越少，也不能眼瞧着饿死啊，为了种群延续，我们祖先毅然决定，逐渐改为以竹子为主了，我大熊猫尚能改弦更张，人类为何不能迷途而返呢？

黑猩猩主持：好，好，今天先到这里，你们看人类已有悔改之意，而且已经提出了环境保护、生态文明、绿色发展。

人类：我们还提出过计划生育呐。

黑猩猩主持：对，还有计划生育。人类提出的很好，是真是假，让我们拭目以待，看他们的行动，怎样？

众动物：对，是真是假，就让我们拭目以待！看他的行动吧！

这个独角剧既简单，又有趣，而且视角新颖。剧本不是以人类的视角来写动物，而是以动物本身的价值和生存状态来表达。这种模式深受小朋友的喜爱。

(5) 故事

解说一个故事就像演奏一首交响乐，有清楚的简介、主题与结论，故事就此循环展开。解说员告诉游客他将要做什么或已经做了什么。故事是一种创造力的行动，即使是在基础阶段也是。从另一层次来看，故事也可以是神话、传说、历史事件或丰富的人生历练。依照不同的场景或目的，故事可以是虚拟的也可以是真实的。在讲述一整段历史事件或有关自然的故事中，也可以在整个活动中穿插其他的小故事。说故事的时候，解说员可以全程自己讲，也可以和游客互动，互动式的参与方式对孩童特别有效，但这方法需要游客的出席，而且故事的陈述必须温馨、有趣、让人兴奋。在我们的生活中，故事是无所不在的。人们被自己和别人的故事所围绕，从与别人的交往中看到一切。我们被故事包围，然而在解说中添加故事也不是俗世的做法。

在景点所讲的故事与平时生活中的故事有所不同，景点的故事应该包含与景点有关的信息，并具有启发性，对游客的生活有所帮助和提升。虽然，现在很多景点也提到了有关历史的故事，但是，这些故事都是被凌乱安排的。因此，游客对景点没有整体的印象，他们跟景点之间缺少有意义的互动。很多景点解说的故事，不能给游客留下深刻的印象。

故事专家苏珊认为，美国印第安人的民俗传说故事特别受欢迎，因为它们将当地的景点、自然历史、信息交织于故事情节中，以及用特殊的图腾影射人们的勇气与毅力。将解说视为故事的发展与运用，是具有潜在力量的。他是简要的哲学探讨，将故事认为是我们生活中的整体且十分重要的部分。因此，故事可以成为解说的一个努力方向。说故事是人类的基本能力；也是与生俱来的天赋，应受到尊重。有位作家曾经写道："我们都受到故事的滋养，故事就像是婴儿与母亲相连的脐带，把我们与过去、现在和未来相连。"解说、教育和宗教都是属于传统的口语沟通，人们从教导者述说的内容与回答问题间来学习。口语沟通过去是，将来也会是在自然与文化历史的解说中成为一个与众不同的特征。在说故事后，那种不可言喻的新热情，是很多人都熟悉的。游客对说故事者的信任，和说故事者对特定主题的知识与其对游客的关爱，由此建构出的亲密关系是不可避免的，假使说话者能以谦虚来缓和权威，或利用成语及故事背景与游客分享，则此份亲密关系将更为深刻。

故事使我们获得欢乐、振奋人心、丰富生命。解说员讲故事是希望游客能发现个人的价值。更重要的是，我们对解说的主题要切实了解，否则支支吾吾会立即被察觉。而且权威感要以谦虚的态度来抑制，否则，尽管信息是有价值的，也会显得逊色，而散失在傲慢的解说氛围中。

美国大峡谷国家公园就挖掘了大量早期居住在此的印第安人的生活故事，并将这些故事编著成很多书籍。美国大峡谷国家公园的工作人员甚至还特别注意到了女性在大峡谷国家公园的事迹，出版了一本《美国大峡谷国家公园女性》（*Grand Canyon Women*）一书，书中包括了公园内的女建筑设计师、女探险家、印第安女性手工艺大师等。这些故事都丰富了美国大峡谷国家公园的解说内容，使得公园变得十分鲜活。中国香港海洋公园最受欢迎的表演之一是海豚表演。这个表演现配上了一个"海洋之心"的背景故事，使得公众在欣赏海豚表演的同时，更加珍惜这种灵动的海洋动物及其生存环境，教育意义深刻。

笔者曾经参加过一次四川林业局组织的大熊猫基地解说员培训课程。在这次培训过程中，学员们分享了很多与大熊猫的故事，如被大熊猫咬伤、如何给大熊猫带跟踪项圈、一些外国人来到大熊猫基地的感人故事等。我们的保护区、景区有很多很多人与自然之间的故事。解说员要挖掘这些故事，并讲给参观者听，让他们感受真实的人与自然的关系。

（6）音乐

音乐是人类共通的语言，也是大多数游客都喜欢的沟通方式。有时候，即便听不懂歌词，但是通过表演者的表情和曲调也能感受其中表达的情感。美国大峡谷国家公园就有印第安人的音乐表演。我国有众多少数民族，其民族音乐和民族乐器非常有特色，很多都是大家耳熟能详的曲子，如傣族的《月光下的凤尾竹》、土家族的《小背篓》等。这些具有本地色彩的音乐，是表达当地文化的重要方式。如张家界国家森林公园的点歌台，就有本地姑娘表演土家族山歌，颇受外地游客欢迎。

很多少数民族的乐器都是利用本地的植物制作而成的，如芦笙、芒笛等。解说员就可以利用这些乐器的表演，来解说这种植物。云南西双版纳野象谷景区的解说员就常常为参观者表演葫芦丝乐曲，给参观者留下了深刻的印象。有时甚至用一片简单的叶子，解说员也能吹出悦耳的声音。如湖南神龙谷景区有的解说员就为游客表演用叶子吹音乐。游客随着叶子吹出的欢快节奏，漫步在郁郁葱葱森林中，心情舒畅，怡然自得。

(7) 舞蹈

舞蹈是用肢体语言表达人们生活中的喜怒哀乐，也是人们喜欢参与和观看的艺术表现形式。人类学家朱迪思·琳内·汉娜说："跳舞是用身体来表达自己，藉由舞蹈，我们倾吐爱与恨、悲伤与快乐；向神祇、大自然祈求；调情、引诱、求爱、庆祝诞生、纪念死亡以及一生中的种种大事。舞蹈是我们在无言中最接近神的方式。舞蹈中有人性，同时还有神性。"早在文字出现之前，人类就把舞蹈当作语言了。在以色列北部发现的一块3400年前的陶板上，就有男子手持鲁特琴跳舞的图像。在中国，跳舞的传统源远流长，不同民族、不同地域的人在传统节庆和丰收祭祀时，都会跳起各族独有的舞步。近年来，源自世界各地的舞蹈也在中国兴起，如阿根廷的探戈、西班牙的弗拉明戈舞等。此外，"广场舞"更是发展得如火如荼，不仅占据了许多城市的公共空间，而且大有流行整个中国之势。中国大部分的少数民族都有自己本民族特色的舞蹈，而且在民族节日中表演，如侗族民间舞蹈，有"哆耶"、芦笙舞和舞龙、舞狮等。芦笙舞是由舞者吹奏芦笙边吹边舞的集体舞蹈。瑶族舞蹈起源于劳动与宗教，如长鼓舞、铜鼓舞，系祭祀盘王等大型舞蹈，深受广大群众欢迎。

舞蹈就像心跳的节奏，它表达着生命的律动，也象征了每次心跳间的静止。编舞家阿尔温·尼古拉斯说："舞蹈是从此世到彼岸、从生命的开端到终结之间所发生的一切。"舞蹈可以表现各种动物和植物的生存状态，以及人们与他们之间的故事。

在我国，藏民有一种说法"人们会说话时就会唱歌，会走路时就会跳舞"。因此，藏族同胞会在各种庆祝节日载歌载舞，来表达心中的喜悦。很多来藏区旅游的游客，晚上也会被邀请围着篝火跳起欢快的舞步，感受藏族文化和藏族同胞的热情。人们在欢乐的氛围中，感受着青藏高原的旷美和藏族文化的多彩。

哈萨克族人大多都喜欢跳舞，他们用舞蹈来表达自己的思想感情，抒发内心的喜怒哀乐。这些舞蹈大多是源于他们对自然的观察，如每一个哈萨克族人都是很好的骑手，所以他们的舞蹈以马为题材。《走马舞》，紧张有力，表现了草原上骏马奔驰的骄健姿态。哈萨克族的熊舞，也是他们重要艺术形式之一，主要动作有摆臂、耸肩、扭腰、伸缩颈部等，都是模仿他们在野外看到熊的生活习性和动态特征创造出来的，动作表现出熊的警觉、笨拙，以及捕获猎物后的击掌、吼叫等习性。现在，熊舞已经被列入首批新疆维吾尔自治区级非物质文化遗产名录，得到传承和保护。

（8）视频资料

视频资料可以重复播放，也可以将不同时空、不同角度的景象全方位的展示给游客。游客还可以购买光盘回家慢慢欣赏。因此，视频资料也是解说景区历史文化和自然生态信息很好的载体。景区可以自己制作本景区的视频宣传片或者科教片，也可以在游客中心或者多媒体放映厅播放一些制作精良的纪录片。以前，我国公共机构播放的自然类纪录片多是国外制作的，现在我国也能制作质量非常好的纪录片，如《航拍中国》《美丽中国》《魅力中国》《绿水青山看中国》《地理中国》《影响世界的中国植物》《国家相册》等。景区可以采用这些优质的纪录片宣传景区，或者用于自然教育项目。

现在短视频软件非常受公众欢迎，特别是青年人。一些相关自然教育机构也可以通过举办短视频大赛，来鼓励公众发现自然的奥秘，如中国植物学会在2020年联合各专业委员会、省级植物学会举办了第二届"绿叶科抖"全国植物科学科普短视频大赛。大赛有八个专题：转基因、植物的光合作用、植物与低碳生活、舌尖上的植物、动植物间的关系、植物生殖奥秘、奇妙的植物界、植物与人类的生活。参赛者的作品可以是动画或者短视频等形式。将现在流行的短视频与自然解说联系起来，必将受到更多年轻人的喜爱和关注。2020年，国家林业和草原局、《中国绿色时报》发起了首届"原山杯""绿水青山·美丽中国"全国短视频大赛。比赛希望公众能通过微视频原创佳作，记录绿水青山中的美好生活和自然生态之美。2020年，深圳华侨城湿地自然学校开发了很多解说湿地生态环境的视频短片，有以红树林为主题的"小侨带你探湿地"，还有以湿地动植物为主题的"湿地小精彩"。这些短片短小精炼、通俗易懂。

7.2.4 解说第四原则

解说第四原则——解说的主要目标不是教导和指示，而是鼓励和激发。解释性的故事，不论是口述或笔传，其目的都是在激励游客或者读者开拓视野，进而对那片新发现的天地有所行动。大部分置身在解说环境中的游客，都对这些他们自己选择去体验的地方所蕴藏的真相非常感兴趣，而且迫不及待地想学习。指导师所扮演的角色就是帮助人们改变观点和行为，进而产生动机，激发灵感，接受信息，并且使信息变得有意义、有趣和激动人心。解说艺术的工作之一，在从自然和文化世界中，将秘密一层一层地剥开。理所当然地，神秘感逐渐消失，惊奇将不断出现。欢乐、知识和灵感也会一起增加。任何一个人只要能在这壮观的景色中得到欢乐，就其本身的价值来看也值得了。最终的目标是让游客经历："感觉—认知—理解—认可—行动"这一过程。

解说员可借由本身对于解说地点的热情，诱导游客对该地的文化及自然历史有所了解，进而学到更多。通过举例所呈现的信息是相当具有机动性的。人们会因他们所仰慕的事物而被鼓舞。解说员要表现出高尚的品格，成为公众的模范。解说员还要说明，这些品格的养成是因为他们常常与景物接近的结果。从知识的深度、惊讶的感觉、安静的感觉及充实的感觉，游客将注意到解说员与解说主题之间的关系。就个人层次而言，游客可能会询问解说员是如何达到这种生活的品质，最后希望他们自己也愿意达到解说员的境界。

根据解说员精湛的知识，景点的精髓或许可被揭示出来。为什么这个地方要为过去的、现在的及未来的世代子孙而保留起来？它有着什么样的特色？对于这个显著的景点，什么是每个人必须要知道的呢？身为一位解说员，试着问自己所解说地方的精华之处在哪里。在解说员第一次游览的经历中，自己发现什么是该地方最令人心醉、最使人着迷之处？在担任解说员期间自己是如何改变的？那些解说员把首次发生的经历与游客分享，期望产生关联性，这种第一手的观点对游客而言是很吸引人的。征求游客的意见或许也会很有用。例如，什么是他们认为当地最出彩的目的地？这答案也许会出人意外，但这些洞察力随后将可用来锁定和支持未来解说工作的进行。借由接触地方的精髓，游客将倾向于探索进一步的了解与体验。对于具有历史意义、文化重要性和生态保护价值高的地方，大部分的游客都是很关心，也很愿意配合来保护的。借由这种解说的结果，轻率的游客可能不会故意去破坏自然资源；反而会因为受到激励而去尊敬它。最好的情况是，解说应该鼓励人们去感受自我爱惜、自我尊重、自我价值。因为只有完全做到，才能产生负责任的行为。

大部分的解说员都试图影响游客对资源的态度和行为。最近一项针对解说员的调查发现，有82%的受访者相信解说员的角色在于挑战游客的信念系统。分享美好的愿望已经成为人们心目中的一股力量。在最基本的层次上，分享美好的愿望是"我们想要做什么？"的答案。分享美好的愿望是许多游客共同承诺的，因为它反映了他们个人的愿望。解说员的角色在于提供意义和真相。借由愿景的分享，解说员可以点起一把火，在种种不同的人之中创造共同的象征。为了得到其他人的认同和承诺，解说员必须全力以赴。解说员必须要公正，这愿望必须真诚地呈现，不可以夸大效益或忽略成本。借由描述一个值得承诺的愿望，我们不必要去说服任何人相信什么——愿望应该会为自己说话。

有两种不同的策略可激励人们——恐惧感和企图心。因为恐惧感而激励的反应是给予负面的愿望；蕴藏在企图心背后的能量推动着正面的愿望。虽然，诉求于人们的恐惧感，在短期内可以促进改变，长期的改变唯有在诉诸企图心之下才可能发生。只有在人们觉得他们可以决定自己的未来时，愿望才会存在。游览过自然

图 7-6　梧桐山国家森林公园自然教育指导师解说如何进行垃圾分类

和文化历史宝藏的游客将会长期对某一议题做出承诺，不是因为他们必须去承诺，而是他们想要去承诺。分享愿望最有效的方法是"认识"游客并使愿望与游客息息相关。这是解说第一原则。因为认识游客可让我们把解说做得很有趣而且很有关联性。此外，解说员必须知道美好的愿望是什么。对某一议题有广博而深入的知识才有足够的信心加以解释和辩护。不知道又不了解愿望，会失去可信度。如深圳梧桐山国家森林公园有位自然教育指导师告诉学员如何垃圾分类才能最低减少对自然环境的破坏(图7-6)。

7.2.5　解说第五原则

解说第五原则——解说应当旨在全局和整体，而不是局部和个体。在所有解说活动、展示或其他媒介中，如果将注意力集中于整个项目或服务的一个主题上，并且以许多不同的方法来表达或诠释这一主题，会得到更好的效果。要帮助游客认识到：他们在公园或景点的所为、所见与他们日常在家中的所为、所见是有关联的。完整是和谐的、唯一的，是破坏、空虚和挫折的对比。它意味着重生及对自己和过往的一切有所了解。泉水和岩石、景色和视野、群星和无限的时间与空间都在自然界中和谐共存。

切勿把呈现整体的原则误解为是要解说员将全部内容表现出来而且不留下任何细节，这是很重要的。因为要将任何地方的所有故事道出是不可能的。巴瑞·卡曼农的生态学第一定律清楚地说道："每一样事物之间均有联系。"如果我们尝试去传达某一主题的每一件事情，将会发现自己面对一个无限的信息网络，即使一个事件或地方的全部故事可以被呈现出来，游客也不一定可将信息完全接收。人类短期的记忆与集中力有其限制。四十多年前，心理学家乔治·米勒发现人类的短期记忆只

能集中注意力在七项信息上(加减两项)。例如,当我们要去超市买东西超出七项时,我们通常会列出一个购物单而不依赖记忆。将事物浓缩数个相似的项目,并集结成块,是我们可记住事情的原因。

提尔顿说:"对我而言,解说的重要目的是呈现整体而非片段,无论特殊的部分是多么有趣。"不管是历史文化之旅还是自然探险之旅,解说员需要自我决定要以哪些部分来构成一个完整的故事。在人类有限的记忆容量下,解说员要掌握几个重要的概念,并以流利的方式表达。即使是如此,我们仍可以看到有些解说员把一堆烦琐的细节呈现在游客的面前。

整体的解说是借由沟通事实让游客知道更多;借由附加意义在这些事实上可让游客更有智慧;借由引导他们在一堆信息里穿梭,并只提出最突出也最值得一提的主旨来教育游客。要做出以上这些选择的关键在于主旨式的解说。主旨式的解说免除了叙述一些不相关事情的可能性,着重于单一的"整体",指引解说员只陈述那些该被提出以支持主旨的事实。这样做不仅避免给予游客过多的信息,同时也节省解说员准备介绍内容的时间。主旨式解说的另一项好处是,根据研究显示,人们会记得主旨而忘记了事实。当解说手册、展览,或解说活动一开始时,人们就知道主旨,则注意力会加强,会了解更多也会记住更多。如果主旨没有被表达出来,注意力、了解程度及记忆力就会减弱。一项研究发现,没有主题的解说,游客的理解力、记忆程度不会比一个由无关句子组成的杂乱故事好多少。

中国香港龙虎山郊野公园环境教育中心以"鸟"为主题的环境教育体验活动的主旨性就很强。香港龙虎山郊野公园环境教育中心的解说员首先介绍在龙虎山郊野公园常见的几种鸟(图7-7)。家长陪同孩子一起听解说员解说这些鸟的特征和习性。然后,孩子们用废旧报纸、塑料和颜料动手制作自己喜欢的小鸟(图7-8),家长在旁边帮忙。最后的作品在烤箱内烘干后,孩子们向大家展示自己制作的小鸟。在等待烘干的过程中,解说员带领孩子们来到龙虎山郊野公园观察和识别小鸟。

深圳华基金生态环保基金会与深圳市登山户外运动协会为了让深圳市民对深圳市的主要山峰及其自然环境有个整体了解,联手策划了"深圳十峰"自然探索主题活动,呼吁广大市民科学登山,共享山林之美,探索深圳高山里的自然之奇,最终使参与者能够以深圳地区拥有这么多自然环境优美的高山而感到幸福和骄傲。

图7-7 中国香港龙虎山郊野公园自然教育指导师介绍本公园可以看到的小鸟

图7-8 学员在中国香港龙虎山郊野公园制作"小鸟"

7.2.6 解说第六原则

解说第六原则——提供给孩子(12岁以下)的解说与成年人的是完全不同的，最好是另外制订一个规划。儿童既好动，又有趣，经常做出出人意料的行为。儿童的天真、信赖、热忱、自发性、活力及好奇心是他们的特殊之处。解说员应该对孩子更亲切些，以进入他们的天地。不能直接以上对下的方式跟孩子说话。

(1) 儿童与大自然脱节

儿童不仅需要与成人做有意义的接触而且要与大环境相结合，他们也需要独立、独处、冒险和惊叹感。后面这些需求，在过去是借由跟大自然接触就可得到。尽管儿童可从大自然里获取如此多的体验，但这样的机会已渐渐减少。学者路易斯·查拉发现："当儿童与大自然越熟悉，他们就越关心大自然，但现今的年代，这样的机会越来越少了。"儿童之所以跟大自然脱节，是因为对他们而言，大自然并不是那么随处可得，而且现在的儿童常被一些静态活动所吸引而深受影响，如电视、电影和电玩等。

(2) 儿童对大自然的误解

大自然不仅没有电器插座，而且对很多儿童来说，大自然同时也是可怕、令人畏惧和陌生的地方。在城市生活的小孩，可能对大自然会有偏见。他们或许会对不熟悉的大自然景观、气味或声音感到不知所措。即使是没有直接的危险，儿童仍然害怕未知的东西，而且会表现出各种的恐惧。这些恐惧多是来自于电影、电视等所描绘出来关于自然环境的错误印象。孩子们对许多微生物、植物腐败的气味,不只是畏惧,他们还感到恶心。有些儿童对自然环境无法怡然自处,他们怕弄脏、弄湿、太热或太冷。这或许部分原因是城市小孩适应力较弱,他们习惯依赖式的环境和享受现代方便。

对孩子的解说,其中一个难题就是解说的过程必须包含矫正和引导。解说员可能需要对大自然存有负面及不愉快认知的儿童提供特殊的协助,而这一切必须借由解说员的知识及能力,来扭转错误的认知,重建儿童安全和信心,才有办法及早完成。一般而言,儿童有以下学习的特质:学习能力很快;对夸张事物感到喜悦;普遍缺乏抑制力;想借着感觉器官自我测试;喜好友情而且富有冒险精神。对儿童的解说方法源自人类基本的表达模式:动作、想象与指示。让儿童参与解说过程是很重要的,经由主动及适当的参与,他们可以达到最好的学习效果。让孩子亲自参与活动示范会显得特别有效。幻想是一种有效果而且深入人心的解说方式,例如,解说员可以有效地结合行动和幻想来吸引小朋友在角色扮演游戏中,重现过去的事件,并提供思路来了解如何和为何在当时会有那样的作为。

(3)针对儿童的解说技巧

基于以上的儿童心理特征和现实的生活状况,以下解说技巧有助于提高儿童对大自然的兴趣:

①采用一个大人对一个小孩的方式,可以帮助大人和小孩更有效地专注在活动中。

②尽量以小班为主,最多10人,当然人数越少越好,否则活动可能会太过混乱。

③加入一些令人意想不到的项目。

④活动的时间短、进度快,以短时间的注意力集中。

⑤确保活动区域对儿童来说是安全无害的。

⑥让每个孩子都有跟解说员直接接触的机会。

⑦鼓励利用歌曲、旋律、动物发出的声音来发出声响。既然要求孩子保持安静是很难的,倒不如善加利用这个机会。

⑧鼓励小朋友们活动,既然他们是好动的,何不把它转化成一个好的学习机会。

(4)针对青少年的解说技巧

马克·吐温曾说过:"当我是个14岁的男孩,我的父亲是如此的无知,我简直无法忍受这样一个老人在身边，但当我 21 岁时，父亲在这 7 年内所学的实在让我非常吃惊。"如同马克·吐温所观察的，青少年是很有意见、苛求的和自我中心的。他们可能时时刻刻都像两岁小孩般好动。青少年似乎是生活在他们自己与同伴的世界。跟青少年好好相处，并不代表解说员必须采用他们的说话方式及举止。解说员应该对待这些青少年如年轻的成人一般，强调互相的尊重与责任感。

青少年比较喜欢与同伴在一起，他们希望从父母亲及传统的家庭成员中独立出来，他们好动、喜欢体能上的挑战；他们希望闯出名堂来；他们的重心是放在未来而非过去，所以解说可朝这方面安排。与青少年相处的要领：

①与青少年一起工作的人需要真正对青少年感兴趣。

②与青少年一起是个别化的。青少年需要同伴的引导，同时除了自己父母亲的意见外，也寻求其他成人的意见。

③与青少年一起工作需付出时间和关怀。

④青少年是充满自信的，而且觉得他们不需再学什么了。给他们任务一起做，他们似乎就停不下来。

⑤在这样的年纪，青少年希望跟朋友在一起，让他们一起合作，但不要有小团体的产生。

⑥给他们一些趣味时间，如爬山、甚至一起吃东西。

⑦给予正面的支持及鼓励，让青少年知道自己现在所做的是很重要的。

⑧在青少年可以轻易胜任的范围内，赋予他们责任。

7.3 解说展示

7.3.1 解说展示的定义

如果一个展品与观众日常生活极大关联并能够通过游客的积极参与使得一个话题栩栩如生，那么它就具有解说性。

7.3.2 解说展示的分类和布局

（1）解说展示的分类

按照游客类型和展品的状态，解说展示可以分为三类(图 7-9)。

类型1——展品呈现出积极的状态，并且游客也是积极的，游客可以用某种方式来触摸或操作展品。这是典型的互动型展品，或是动手参与的设备，如中国香港科技馆让访客用显微镜观察植物(图7-10)。

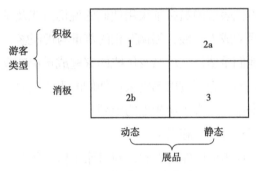
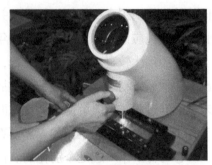

图7-9　解说展示分类图　　　　　　　图7-10　中国香港科学馆游客用显微镜观察植物

类型2a——游客是动态的，而展品是静态的。这种展品包含了动手参与的活动，如触摸一个展出的客体或是器物，如中国香港科技馆有关能源何处来的解说设施(图7-11)。

类型2b——游客是消极的，而展品却呈现出某种动态、动作或是动画，如北京自然博物馆有关睡莲的电视解说(图7-12)。

图7-11　中国香港科学馆展示能源何处来　　　　　图7-12　游客在北京自然博物馆观看电视解说睡莲

类型 3——游客没有做什么，而展品也没有做出回应。这类的典型就是"平板展品"或收藏，如北京地质博物馆展示红宝石（图 7-13）。

（2）观展负荷

①观展负荷的定义　观展负荷这个词用来描述的是每个展品在与游客互动时需要游客耗费的时间和精力的量。通常情况，负荷最高的是那些互动型的展品（类型 1、2a、2b），而负荷低的则是那些被动型展品（通常是类型 3）。

图 7-13　北京地质博物馆展示红宝石

②观展负荷的安排　最佳的规划就是把各种不同负荷的展品以一种很强的目的性来进行编排。例如，一个展廊可以以类型 2 的展品作为开始，再逐渐过渡到类型 1 的展品。最好不要把互动性展品设在走廊的入口处，也不要设在厅内游客流密集的地方。因为在这些区域导致游客拥堵的可能性最大。

7.3.3　不同展品材料的内在兴趣

对于不同展品材料，游客的内在兴趣是不同的，如图 7-14 所示。

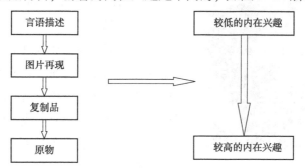

图 7-14　不同展品材料游客的内在兴趣图

由图 7-14 可以看出，原物展示能最大限度激发游客的兴趣。其次是复制品，复制品一般是严格按照原样重现了展品的各种特征。有时候没有复制品的时候，展示会采用图片说明。由于拍摄图片的角度和水平存在不同和差异，所以参观者不能很全面和真实地感受展品。甚至有时候，展示没有图片，只有文字说明，那么参与者就只能在头脑中自己想象展品的样子了。不同的参观者由于视野、知识和背景的不同，对于展品的想象都不尽相同。

例如，解说花的结构，采用四种不同的展示方式，参观者的感受是不同的（图 7-15）。

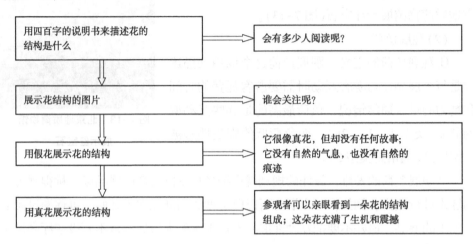

图 7-15　解说花结构不同材质的效果图

图 7-16　湖南大学子弟小学的学生们观察花朵

图 7-16 中，湖南大学子弟小学的学生们在观察花朵结构的同时，忍不住去闻百合的香味。这在无形中增加了孩子们的五感体验，加深了他们对花朵的认识。

虽然自然解说是一门从国外引入的专业学科，但是在我国发展迅速。很多解说员都在将我们国家优秀的文化传统和丰富的自然风貌结合起来进行讲解。他们平时或多或少地利用了以上六种解说原则。为了让他们能系统了解解说原则，充分挖掘解说资源的自然和人文价值，本书特地单列一章进行阐述。希望读者能从中受到启发。

第8章
自然笔记

8.1 自然笔记的起源

"自然笔记"是探索自然、融入自然的途径之一。它是指有规律地观察、记录、认识、体会和感受自然，用笔记的形式，对身边的大自然进行记录。自然笔记的形式不限，可以根据个人的兴趣、背景和学识决定。自然笔记反映的是记录者周围的生活，包括亲身经历、际遇、印象和观察。记录者被这些感动，所以才要记录、研究和回味。而自然笔记并不是一个新事物，实际上，它是反映大自然的最古老的方法之一。历史上，人们曾借助它记载狩猎、战斗、时光变迁、探险的成功或者村子里发生的瘟疫等众多情况。例如，中国南北方都有很多岩画，这些岩画多是古人刻画人类在大自然中生存的场景，可以说是一种简单的自然笔记。

中国古人也有重视"树艺经验"的传统，"植之而荣者，即纪其何以荣；植之而瘁者，必究其何以瘁"，知道求助于观察、记录、检证等探究植物的方法，而不能停留在纸上谈兵，才能栽培好植物。

15世纪末至16世纪初，随着西方探险家与航海家远赴异域探险，一大批船长、水手、博物学家开始对陌生地域的自然现象进行较为客观的观察和科学的记录。船长的航海日志也是某种形式的自然日记，上面记录者天气、星象、飞鸟、人类活动和其他的相关事宜。一些随船博物学家他们一边采集标本，一边在日记本上详细描述标本的特征、所处环境以及当时伴随的自然现象，并写下自己的思考。

有些日记图文并茂，同时还记录着时间、地点、日期、天气等信息，这就是早期的"自然笔记"。由于记录者的背景、出身不同，所做记录也是良莠不齐，有些加上了许多臆测和想象，有些混合着神话与传说，有些仅有只言片语，缺乏必要信息。

18世纪初，德国地理学家、博物学家亚历山大·冯·洪堡横渡太平洋去美洲游历了5年，他构建了一个整体的自然地球概念，全球等温线、气候带分布、植被水平和垂直分异等全局观念。他从美洲回来后组织了50位制图师和艺术家将他的地图、绘图手稿改成成品。洪堡的这些原始手稿都是自然笔记的不同表现方式。正是这些自然笔记奠定了很多现代地理学的基础理论。在他带回来的这些作品当中，最著名的自然笔记之一就是《洪堡的植被分布图》。他在攀登钦博拉索雪山过程中，产生了一个做自然笔记的创意：把钦博拉索雪山及山中的植被画出来，并标记出沿途植被及各种植物在各海拔的位置，还要把这些位置的气压及温度标示出来。洪堡下山后，画出了草图，回到欧洲后，他请了一些绘图高手，按照他的草图，把这幅"自然之图"画出来了。把它叫作"图"还不准确，它其实是集绘画、地图、科学、表格等众多因素为一体的自然笔记艺术品。洪堡的好朋友大诗人歌德对这幅大名鼎鼎的"自然之图"爱不释手，挂在客厅里，每天都要看上几遍（图8-1）。

伴随越来越多来自海外的发现在欧洲传播，更多人开始观察、描述自然，他们的考察笔记也越来越规范。20世纪初，美国加州大学伯克利分校脊椎动物博物馆第一任馆长Joseph Grinnell（1877—1939）设计出一套高效的科学调查记录方法——格林内尔法（Grinnell System），其基本原则是每次笔记都要写下时间（精确到分钟）、日期、位置、前往路线、天气和生境，以及观察到的物种、动物行为等其他现象。这套方法被职业生物学家和民间博物爱好者广泛使用，并一直持续到现在。格林内尔法在民间的广泛使用最终演变成了现在的自然笔记。

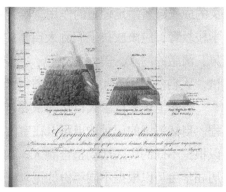

图8-1　洪堡的植被分布图

自20世纪80年代起，由于克莱尔·莱斯利等人的推广，自然笔记在美国迅速风靡起来。教育部门、具有环境教育职责的部门、自然历史博物馆等机构都将自然笔记作为一种连接人与自然的课程或活动来开展（Pamela G. Wirsch，2010）。

在一些欧美国家，学生被要求记录"年度日记"，通过日记来了解自己生活的地方，与自然建立联系。学生可以在一天中抽出一部分时光与自然独处，就能感受到独处的乐趣，心灵得到了放松和安宁，往往能从自然中汲取力量，抚平繁重课业带来的焦虑和沉重。许多学校、自然机构和大学环境研究中心都关注到本地自然环境的研究，积极支持区域性的环境教育。如"伦敦教区地图计划""国家野生联盟校园生态环境计划"、马萨诸塞猎户座协会的"大地的故事与水域合作计划"等。

2008年，莱斯利的《笔记大自然》中译本在中国出版，伴随着书的畅销，一股自然笔记风刮遍全国。环保部门、林业部门、教育部门、城市园林部门及很多植物园纷纷组织开展自然笔记活动。

但是各地、各机构开展的自然笔记偏差越来越大，在自然笔记作品评价上并无统一标准，甚至部分评价标准严重背离自然笔记的基本原则。有鉴于此，本书特梳理国内外关于自然笔记的文献、书籍、作品等资料，提出自然笔记作品的核心要素、开展自然笔记活动的规范程序以及自然笔记作品评价标准。

8.2 自然笔记的意义

大自然是人类生命之源,文明之根。人类是属于大自然的。大自然不仅是人类语言表达与思考能力的源头,还为人类的梦想提供了丰富的素材,更对人类心灵的成长起着举足轻重的作用。泰戈尔认为大自然对于人类的发展价值绝不逊于学校教育,应该放孩子们到大自然中去。"葱绿的树木,明丽的天空,自由的南风,清澈的河水,美丽的景色,是学生的课桌课椅,其重要性绝不亚于书本考试。"大自然对于人类的教育有着得天独厚和无法比拟的优势。

自然笔记是记录大自然的重要方法,也是一门跨学科、综合性强、实用的课程。自然笔记的记录地点可以在室内,也可以选择在户外,地点可远可近,还可以根据不同的实践活动整合融入。自然笔记的长期积累还可以成为一种数据库,历届学生可以根据不同年份的记录,对某处生态环境的变化进行分析,也可以通过记录的自然笔记发现新的问题。在这一过程中,学生的科学研究能力、创造性写作设计能力、小组合作探究的能力都得到提高。同时,自然笔记还能培养学生的交流技巧、评价与判断的技巧、绘画技巧等。

记录自然笔记还能够让学生加深对观察的认识,看、听、嗅、尝这些人类的感觉均可以作为观察的一个方面。学生学会综合运用这些观察技能,将事物的不同方面结合起来,从而发现变化,探寻出事物之间的联系。观察作为自然笔记中最为重要的一部分,形式也是多样的。学生可以对某一地点进行定点观察,也可以针对一片环境进行宏观的观察,也可以对细小的局部或者借助放大镜、显微镜对微小的生物进行显微观察。

教师在课程中可以和学生一起记录,表明自然笔记是所有人的重要活动。教师要进行自然笔记的简介,分析本课程开发的环境,同时积极营造学习氛围,激发大家记录自然笔记的欲望,启发学生用心感悟周围的环境,用广阔的视野去观察记录。在自然笔记的评估阶段,可以让学生本人参与到对自然笔记技巧的评估中,帮助学生认识到问题,获得满足感。

学习同伴的自然笔记也可以帮助学生体会到别人看待周围世界的视角,感受到别人与世界的互动以及对世界的态度。学生可以发现每个个体的观察、想法、问题和主见都是不一样的,有助于学生能够体会差异、尊重差异,能平静对待与自己相左的意见,体会和理解他人。莱斯利的《笔记大自然》中提出自然笔记对人的成长有如下重要意义：

①兼具科学、美学的观察能力。

②创意写作、技术协作的能力。

③布局并演示自己想法的能力与观察的能力。

④认知、分析能力。

⑤提问能力、发明创造能力与综合能力。

⑥思考、沉默的能力。

⑦沉思的能力、专注的精神、抚慰伤痛的能力。

⑧与家人分享的能力。

⑨找到自己的心灵所属，学会对新事物敞开心扉。

⑩自信、与自我表达的能力。

总之，自然笔记是人类与自然重新建立联系的一种相对简单的方式。在今天这个繁杂的世界里，自然笔记可以帮助人们放慢时空的节拍，仔细观察和品味每一天。同时，通过对周围生活的描绘，他们对自己生活的地域会逐渐培养归属感，并洞悉自己在这片土地上的特殊角色。

自2017年起，深圳市华基金生态环境保护基金会联合生态环境部宣传教育中心和中国儿童中心面向全国中小学生开展青少年自然笔记大赛，鼓励青少年以手绘的形式，记录在自然中观察到的事物，从而获得知识和启迪。

8.3 自然笔记的核心要素

虽然自然笔记是个人的观察和感受，每个人可以采用自己喜欢的方式记录。但是，一些基本的要素能让自然笔记显得科学、有延续性和一目了然。一般而言，一份完整的自然笔记需有以下七个要素：日期、地点、天气、记录人、主题、文字和图画。其中，日期、地点、天气和记录人这四项是科学记录的要素，在科学实验记录上，尤其生物领域的记录上必须有这四项。这些要素一般写在每页的右上角或者左上角。文字和图画是自然笔记的主体，应尽量客观描述。

①日期　日期有助于判定季节、月份和年份的相对关系。从大的时间尺度上来说，不同年份、不同季节的物候不同，记录时间有助于开展对比研究。如某一种花在去年的第一次开放是在什么时候？今年是在什么时候？是提前了，还是推迟了？根据

记录我们可以发现规律。从小的时间尺度上来说，记录时间有助于发现某种自然过程与时间之间的联系。如某一天太阳升起和下山的时间；影子在某一天的长度等。

②地点　记录地点既有助于发现规律，也有助于自己或他人再次找到该地点开展观察。不同地区的物种不同，同一个物种在不同区域的表现或行为也不同。比较环境的差异，体会不同区域的特色所在。

③天气　天气状况会影响大多数生物的活动，所以要记录天气因素。大部分种类的植物只在晴天开花，但有一些花却有抵抗雨水的能力，只有把天气作为参考才能发现其中奥秘。

④记录人　与科学观察一样，自然笔记是对自然世界的客观观察记录，但受人自身的影响，每个人的笔记却是主观的。根据记录人我们可以对笔记的客观性进行基本判断，也可以联系记录人进一步交流。

⑤主题　主题是自然笔记作品要表达的中心主旨。人们一看到这幅自然笔记作品就能知道作者想要表达的是什么。主题可以是具体的事物，也可以是事件。就像一篇作文要有一个标题一样。通过标题，读者可以了解这篇作文的大概内容。例如，在湖南省长沙市洋湖湿地公园举办的自然笔记大赛中，很多作品的主题都是湿地动物或者植物，像荷花、菖蒲、白露、鸭嘴鱼等。有些自然笔记作品可以表达一个事件，如光盘行动、节约能源等。

⑥文字　文字是自然笔记的主体。只要运用视觉、触觉、嗅觉、听觉等多种感官对自然进行多角度的近距离观察，就能获得大量的观察内容用于记录。对自然现象的描述应该尽量客观，没有任何夸张。

由于专业词汇匮乏，可以用比喻来描述特征或现象。不会写的字可以用拼音。感性的语句、毫无根据的推测都不能出现在自然笔记中，如"小草这么绿是源自寒冬的磨练""鸡蛋花没有优雅的气质，也没有高贵的芳姿……"不属于当时观察到的现象或当时测量、统计与实验的结果也不能作为自然笔记的文字说明，如"鸢尾是德国国花""太阳的表面温度有6000℃"。

⑦图画　图画是对文字描述的补充，也是对自然现象的形象化呈现。图画应当尽量真实客观，不应夸大、夸张、抽象。图画中需有标尺或自然物的尺寸数据，没有尺可以借助手指、笔、脚步、树木、建筑等进行估测。对于自然物的细节部分应用"放大图"来展示。图画中不能出现卡通造型等不客观的描绘，也不应出现给果实画眼睛、给树叶画花边等画蛇添足的操作。不用底色、底纹等艺术渲染效果。

图8-2至图8-5是一些自然笔记中常见的错误分析。

易错案例1：

错误点：作品缺主题、地点、天气、日期四项要素。

主题：一个恰当的主题能帮助自然笔记的作者迅速回忆自然笔记的内容，也便于他人快速了解该笔记的详细信息。主题最好不是被观察对象的学名，而是对被观察对象或现象的一句精炼描述。

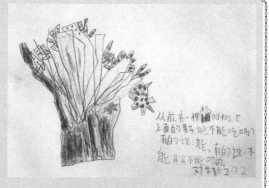

图8-2　易错案例1

易错案例2：

错误点：作品缺日期、地点、天气三项要素。

主题：不同的植物在不同的时间、地点和气候状况下会呈现出不同的样子。因此，做自然笔记时，为了表明被观察的自然物的真实状况，要写明观察的时间、地点和天气状况。

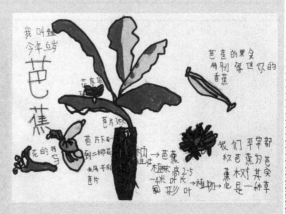

图8-3　易错案例2

自然笔记的初衷是帮助人们走进自然，观察记录身边不熟悉的自然，不该用"写学名"来难倒人。自然笔记起源于博物学家对未知自然的观察，所以应该鼓励人们观察他们不熟悉的自然，提炼其典型特征，像达尔文那样为其命名。

一个自己取的名字虽然不便于交流但却便于作者记住这种自然物或现象，用于后续查阅资料或请教。取名是人与生俱来的本领，小学生也能取很棒的名字，例如，神奇的白麦子草(实为早熟禾，孩子观察到其花絮像麦子)、植物中的攀爬高手(观察、对比了几种藤本植物的攀爬方式)等。

易错案例3：

错误点：该作品大段的文字描述为摘抄内容，而非自己的观察。

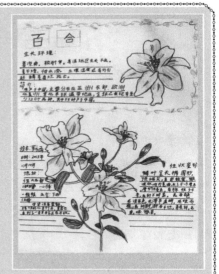

图8-4　易错案例3

易错案例4：

这幅作品将孔雀羽毛的末端部分放大来观察，突出了孔雀羽毛最大的特点。但是图画用黑色底纹是不正确的，也不是很美观。

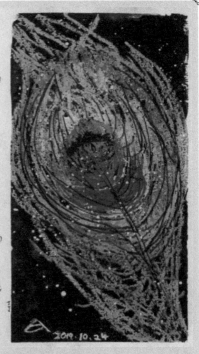

图8-5　易错案例4

8.4 自然笔记的评价

自然笔记是一种极具潜力的学习工具，但是如果不对自然笔记进行正确的评价则不能发挥这种潜力。自然笔记是学生在教育活动中产生的成果与作品，对自然笔记进行评价既有助于对学生掌握效果进行评价，也有助于对教学效果进行评价。何瑞在《自然笔记的起源与规范》一文中给出了自然笔记评价的标准。

一份优秀的自然笔记作品除七要素俱全，还应有：主题独特鲜明；作者观察到的自然现象客观真实；发现或观察的过程；提问、思考、推理、科学探究的过程；以图文结合的形式进行的记录准确而科学；版式设计科学美观；作者的感悟或者收获。

8.4.1 按百分制对自然笔记作品进行评价

自然笔记可以从以下五个方面进行评价，按百分制来计算：

（1）主题特色鲜明、素材真实(20 分)

主题如果为"自然笔记"或自然物的名称，效果不佳。主题应该是对观察内容的概况，使用精炼有趣的字词(图 8-6)。

易错案例 5：

这件作品中，无论是标题和文字部分都是照搬书籍，并没有自己的观察，更没有趣味性的文字解说。

图 8-6　易错案例 5

(2)观察全面细致(35分)

运用视觉、触觉、嗅觉、听觉等多种感官来观察自然,从多个角度进行观察,如叶子的正面、反面,叶表面有无毛,是否光滑等。除非自然物远不可及或不能触摸,否则不能只用视觉进行观察(图8-7)。

优秀案例1:

这幅作品中,作者写出了味觉"我很爱吃莲蓬",嗅觉"有种淡淡的清香"、视觉"莲子像一只只小眼睛,非常可爱"。虽然只是7岁小朋友的作品,却能写出自己多感官的体验,表明他对莲蓬的观察很仔细。

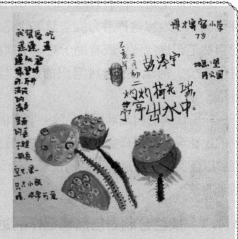

图8-7 优秀案例1

(3)课内课外结合、科学探究过程突出(15分)

自然笔记是对自然的科学记录,作品中要能体现学生发现现象、提出问题、进一步观察或实验、分析、总结的科学探究过程。当然,小学生可能主要还是观察一个个的植物或动物,而很少注意事物之间的联系,或思考现象背后的原理。中学生的作品中应该体现出思考与探究的过程(图8-8)。

优秀案例2:

这幅作品左边的文字部分比较生动,还引用了一首诗,右边部分有些生硬。但是,作者能从立冬这个节气将植物和动物联系起来,除了观察黄菖蒲,还联想到小蛇开始冬眠,注意了冬天大自然的特征。

图8-8 优秀案例2

(4) 文字描述准确(15分)

将课堂上学到的或书上看到的内容默写下来，体现不出自我发现、一步步观察的过程，这甚至都不算合格的自然笔记。在文字方面，作品中应尽量写完整的句子，少些词和短语。为了鼓励孩子自己动手迅速记录，而不在请教字词上浪费户外时间，对自然笔记中的拼音和错别字不做差评(图8-9)。

案例1：
由于小朋友在作画时所学的文字数量有限，有时不能用准确的汉字表达自己的想法。所以这时用汉语拼音是可以接受的。如这幅作品中，作者就用颜色丰 fù(富)，xuǎn(选)了，zhǐ(指)针来表示。这都是可以接受的。

图8-9 案例1

(5) 图画生动形象、版式设计优美(15分)

图画尽量科学、准确，不画蛇添足，版式优美。此外，在观察对象方面，不论温室、城市绿地还是郊野的自然环境都可以进行观察，但鼓励观察非人工环境下的自然环境与自然物。可以在不伤害虫子的情况下，暂时困住它以仔细观察，但对伤害动物进行观察的自然笔记作品应严厉批评(图8-10)。

案例2：
这幅作品就是作者在人工环境美术教室完成的，作品缺少对自然的观察。这是自然笔记不提倡的方法。

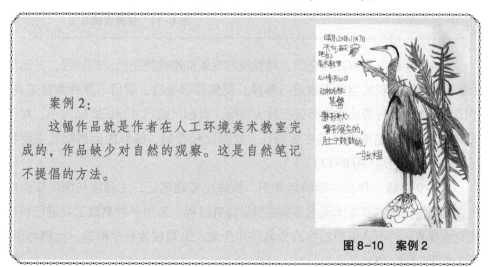

图8-10 案例2

8.4.2 分学段评价作品

不同年龄的学生认知发展水平不同，因此，作品分学段分别进行评价。

①1~3年级　能发现一些有趣的自然现象并尝试去思考、解释，即使其思考不合理，解释不科学也没关系。能够为不认识的自然物命名。绘画能体现自然物的主要特征(图8-11)。

优秀案例3：

这是一幅二年级的小朋友的自然笔记作品。通过这个作品的展示，表明作者认识了鹳这种动物，而且知道它的外貌特征和取食习惯。在图中，作者把鹳的尖嘴和细腿，以及身上的羽毛特征画的比较真实。

图8-11　优秀案例3

②3~6年级　观察细致全面，对发现的现象能准确提出相应的问题，并运用所学的知识对发现的自然现象进行解释。观察科学准确，运用了多种测量工具，如尺、温度计、秤等。对细节进行放大描绘，有标尺或尺寸标识实际大小。对不认识的自然物命名能抓住其主要特征。绘画比较准确，能抓住自然物的主要特征，版式较为合理(图8-12)。

③7~9年级　作品主题特色鲜明，能做出专题笔记，主题能与课内知识结合。自然笔记的内容能体现出完整的科学探究过程，运用多种测量工具进行科学精准地观测。对不认识自然物的命名较为合理。绘画较为科学准确，比例协调，版式美观(图8-13)。

优秀案例4：

这幅二年级的作品，达到了3~6年级的作品要求。作品主题新颖——"阳光下的手zhǎng（掌）树"，对树皮的观察非常仔细，"很光滑"写出了触觉感受。作者突出该树的主要特征——"这棵树的叶子很tè（特）别，像张开的手zhǎng（掌），有黄色，有绿色"。同时，作者还将树叶"放大"了进行观察，"树叶正面很光滑，它的背面经luò（络）很tū（突）出，mō（摸）上去有凹凸gǎn（感）"。整幅作品版式设计美观、合理。

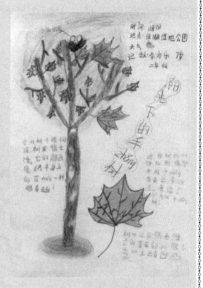

图8-12 优秀案例4

优秀案例5：

这幅初中一年级的作品，标题新颖，观察仔细，语言生动，版式设计美观。作品中用与绘制图画相同颜色的彩铅进行文字解说，系统性强，也便于阅读者找到植物的特色之处。作品中还对梧桐树叶进行了测量，具有一定的科学探究精神。图中的感谢部分写得很真实，有精神上的升华。

图8-13 优秀案例5

④10~12年级　围绕科学或自然主题开展自然笔记，将自然笔记作为科学探究过程中的记录工具。主题应具有一定的价值和意义，通过探究能得出较为合理的结论。能够认识常见的动植物，写出其学名或当地俗名。图文并茂，绘画科学准确，版式科学美观(图8-14)。

优秀案例6：

这件作品中，作者对"寒露"和"立冬"的物候观察非常仔细，还总结在了画片的开头部分。整个画面都是突出这两个节气里动植物的状态。作者将蜜蜂、蚯蚓、白茶花和茶花的果实和花蕊都进行了"放大"，说明作者在做自然笔记时观察非常仔细，对生物的结构进行了客观的描绘。文字中还有自己的思考和提问——"你为什么长的这么像屁股？"作者在观察中抓住了羊蹄甲叶子最大的形态特征"屁股叶子"。所以，整个作品从观察、文字、色彩和编排都非常出色。

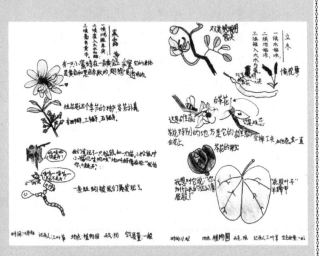

图8-14　优秀案例6

在国内，自然笔记是作为科普、环境教育的重要活动来推广的，但自然笔记也属于一种教学活动。任何教学活动都应有一定的规范，有了规范，教师才能更好地开展教学，并对教学效果进行评价，自然笔记也不例外。

在规范下开展的自然笔记，学生对自然的观察会更加仔细，能发现更多有趣的自然现象，进而被激励，并对自然笔记活动产生更强烈的兴趣。这个规范并不意味着限制自然笔记的多样性和学生的多元发展。自然笔记的主题丰富，表现形式多样，绘画也不限材料和技法。此外，可以写拼音也给了学生更多自主空间。

除了自然笔记本身的规范，自然笔记活动在实施上也应有规范的教学过程，以促进教学活动开展，保障教学效果。这个教学过程就是通过自然教育指导师传授的。自然教育指导师要将自然笔记的核心要素教给学员，还要告诉学员如何观察大自然，甚至要传授一些基本的绘画技巧。有了这三个方面知识的传授，学员就能基本完成一幅完整的自然教育作品。

第9章
自然体验活动的安全管理

在组织实施自然教育活动的过程中，户外环境的风险因素与室内活动有所不同。自然教育活动安全管理中既要考虑环境因素导致事故的客观因素，也需要关注活动的组织和参与者准备不足及处置不当导致事故的主观因素。

安全管理是自然教育活动中非常重要的一环，参与者和组织者并不期望任何一个参加自然教育活动的学员在体验过程中受到任何伤害。

2002年，澳大利亚的童子军组织女童军(girl guides)和澳大利亚童子军(scouts Australia)宣布，仅在一年内，他们安全保险开支就增长了5倍。风险管理学家本特利认为旅游安全风险和事故的风险致因框架由人为风险、设施风险、环境风险和管理风险等构成。这个框架是旅游安全风险和事故的理论基础，也是自然体验活动安全管理的架构。事实上，感知安全是游客旅游决策和参与自然体验活动的重要基础。安全是自然教育事业发展的基础保障。

9.1 风险管理的定义

风险：在一定的时间发生不利的情况的概率和影响程度。中华人民共和国国家标准GB/T 23694—2013中，将风险定义为"不确定性对目标(实现)的影响"。

风险类型：ISO导则73中，将风险分为三种类型，危险因素(或纯粹的风险、实在风险)、控制性风险(或不确定风险)及机会(投机性)风险。

危险因素：在特定的环境内，对活动或组织目标的实现过程中，产生抑制作用或带来危害的状态或东西。

风险管理就是努力防止事故的发生，将伤害降到最低。

9.2 安全管理中风险意外的分类

自然教育活动中常见的风险可以分为四类——突发性事故、疾病及不适、动植物伤害和自然灾害。这些风险是由不同因素引起的，突发性事故主要是活动组织方对风险防范意识不足引起的，如安排设备没有及时检测和排查；户外活动时没有准备驱蚊水；没有在活动前进行安全说明等。疾病及不适，除了参与者自身的健康状况有所影响外,还有可能是环境忽然改变而引起的生理不适,如对花粉过敏的人去到了有花絮漂浮的区域,就会产生过敏反应;很多在长期低海拔地区生活的人,突然进入青藏高原,就会产生缺氧反应;有些人恐高,不能参加攀岩活动;有些人会晕车、晕船;在海边长时间暴露会晒伤等。动植物伤害主要是由于对户外野生环境不熟悉引起的,如一些植物是有毒的,像野漆树就会让人感觉奇痒;一些动物也有可能出现,伤害人类,每年都有人被蛇咬伤的报道。自然灾害是由于户外环境下天气及自然变化引起的。这是不可抗拒的因素,如泥石流、洪水、火山爆发、暴风雨、暴风雪等(图9-1)。

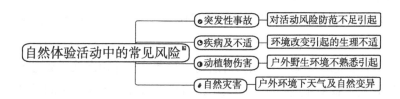

图9-1　自然体验活动中常见风险

9.3　风险意外发展过程

自然教育活动项目中的风险管理体制、机制,事故基本原因和事故直接原因都能导致自然教育活动中的风险产生。这些风险造成的后果可能是经济损失、人身伤亡、品牌损失或者其他方面的损失(图9-2)。

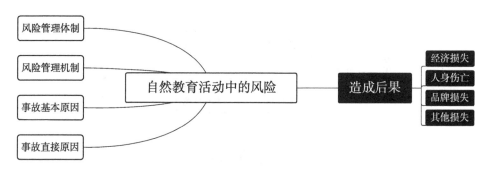

图9-2　自然教育活动中风险意外的发展过程

9.4 风险管理的流程

自然教育的风险管理分为以下四个步骤：

①明确活动环境信息　自然教育指导师要发现、掌握自然体验活动中的危险因素有哪些。

②确定风险评估准则　自然教育指导师要在活动开始前就制定风险评估准则，并持续不断检查和改进。

③制订风险管理计划　自然教育指导师要确定风险管理策略，包括风险识别、风险分析、风险评估和风险控制手段。

④评估存在危险因素　自然教育活动组织者，在开始自然活动之前，要根据安全风险的发生概率和危害冲击的大小，将活动过程中可能产生的风险进行分类评估。危害性冲击性大和发生概率大的危险因素标注为红色；危害冲击性大但发生概率小的风险标注为黄色；危害性冲击性小和发生概率大的危险因素标注为灰色；危害性冲击性小和发生概率小的危险因素标注为绿色（图9-3）。通过标注不同颜色将活动中存在的危险因素进行分类管理。对于红色和黄色区域内的危险因素，组织者要重点关注和提高警惕级别，防微杜渐。对于灰色和绿色区域内的危险因素，组织者也要捎带关注，不能完全不理会。

⑤预先处理危险因素　自然教育指导师要根据自然教育活动中存在的风险因

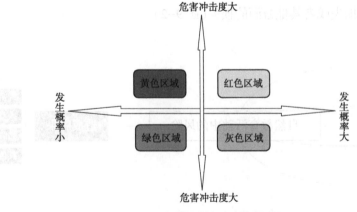

图9-3　自然教育危险因素评估图

素，进行风险规避、风险控制、风险分担和风险自留。风险规避是全力避免意外发生；风险控制是指降低风险指数，后果可控；风险分担主要是通过参与者购买户外保险方式实现；风险自留指接受一些特定风险的潜在收益和损失。

⑥做好风险监控记录　自然教育指导师要对活动中风险控制及意外情况进行监督、总结和评价，监控和记录整个活动中的问题。这样做是实施改进风险管理过程的重要基础。这将提高今后活动风险管理水平，进一步全面有效地完善自然体验活动中风险控制。

9.5　评估和处理风险的方法

自然教育活动风险的评估和处理要利用"人为失败"和"海因法则"（海因里希法则）两个概念，通过它们就能够了解活动中风险的发生概率和危险冲击度。

人为失败是指人认识和行动的失败，分为以下几个层次：

①在认识和判断阶段的失败。

②行动阶段发生的失败。

③能力的限制（能力范围之外引起的失败）。

④违反规定（为了省事，怠慢造成的失败）。

减少在认识和判断阶段的失败需要发现和把握危险因素——海因里希法则。

海因里希法则（Heinrich's Law）又称海因里希安全法则、海因里希事故法则或海因法则，是美国著名安全工程师海因里希（Herbert William Heinrich）提出的1∶20∶300∶1000法则。美国人海因里希通过分析工伤事故的发生概率，为保险公司的经营提出的法则。

这个法则意为：每一起严重的事故背后，必然有29起较轻微事故和300起未遂先兆，以及1000起事故隐患相随。

这一法则完全可用于自然体验活动的安全管理，即在一件重大的户外自然

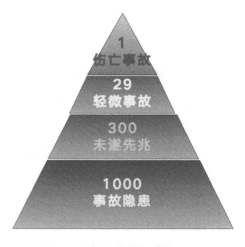

图9-4　海因里希法则

体验活动事故背后必有29件轻度的事故,还有300先兆事件,以及上千件潜在的活动隐患(图9-4)。

1∶29∶300∶1000的数字概念告诉我们,对待事故,要举一反三,不能就事论事;任何事故的发生都不是偶然的;事故的背后必然存在大量的隐患、大量的不安全因素。减少行动阶段发生的失败需要平时的训练、反复教育和多次检查。减少"能力限制"和"违反"需要强化风险管理。

9.6 安全管理的流程和策略

自然教育活动的安全管理遵循"P-S-F-H-L-N"流程法则(图9-5)。

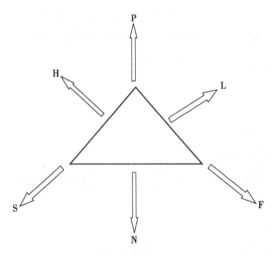

图9-5 安全管理要素图

①P(participant)——参加者的安全对策 适当的人数、安全教育、危险的种类和对其的认知。

②S(staff)——员工的安全对策、能力提升体制 安全手册、制作检查表单、预知危险、对认识的判断、CPR心肺复苏法、急救方法。

③F(field)——场地、设施的安全对策 具备场地、设施、用具、材料相关的知识。

不是危险的话就不实施,不让参与者参与而是让P(参加者)、S(员工)、F(场地)这三点满足上面的条件,认真对待,这样可以增加参与者的安心感,促进活动的安全。

上面所讲到P-S-F-H-L-N的箭头都整体提升后,变成了一个近乎圆形的图形,面积被扩大,意味着参与者和员工能够安全活动的范围被扩大,包括以下方面:

①以后需要做什么。

②需要准备的事情有哪些。

③明确做好的事情和没有做好的事情(比较、分析、检讨、对策)。

9.7 心理安全

只有确保学员内心的安全才能让他们积极加入到活动中来。户外安全是自然体验产业正常运作的基础条件。从自然体验的保障管理来看，自然体验活动既应重视应急管理机制的建立，也要面向所有参与自然体验活动的人员进行安全教育，并在保险保障和法制嵌入方面提供基础支撑。

9.8 自然体验活动风险管控及管理表格

自然体验活动中风险可以在以下方面入手，加强管理见表 9-1 所列。

表 9-1　自然体验活动组织中的安全管理

参加者	工作人员
宣传户外自然体验活动安全知识	制作安全管理手册
制作活动注意事项	提供户外常见安全问题
提供户外意外保险	学习户外常用急救方法
签署有关合同协议	学习事故发生应对策略
个人信息管理	应对不同意外(安全、疾病、天气等)的态度和方法

自然体验活动中的风险管理，可从以下方面予以关注：

①活动计划加入风险管理内容　根据参加者社会、经济背景特征制订尽可能详尽、全面和可行的风险管理计划，并制订相应预案和应对程序。

②活动开始之前购买相应保险　根据参加者年龄、当次活动特点和线路情况，购买相应的户外保险。

③做好参加者健康检查和了解　了解参加者的健康、过敏、食物禁忌等情况，提前预防意外发生。

④现场和活动中加强安全教育　活动开展、安全宣讲与风险管理同步进行，逐步示教，确保活动正常安全和顺利开展。

⑤做好活动现场应急物品准备　提前检查装备、教具、药品等内容，正确使用和维护。

同时，从自然体验活动风险控制管理表格予以管控，见表9-2所列。

表9-2　自然体验活动组织中的风险控制管理表

风险识别		风险分析		风险评估		风险规避		风险记录	
类别	种类	对象	原因	后果	风险值	应对	结果	情况	后续

案例：无痕中国环境教育中心安全管理案例

无痕中国环境教育中心在户外自然教育活动中，采取年轻参与者便于接受的读图守则、约定口令、约定手势及职位设定的方式，传递户外安全约定、倡导环境友善原则，努力降低体验者对他人和环境的影响（图9-6）。

图9-6　自然教育指导师设计的有趣手势

如何让参与者快速理解并掌握活动中的常规纪律，并降低对他人和环境的影响？无痕中国的自然课堂中，把最常用的"参与""明白了"和"集合"三个口令设计成有趣的手势和自然中的鸟叫声，让参加户外活动的孩子们迅速地理解和掌握无痕口令，并运用在下面的自然教育活动中。

户外自然教育中,最为重要的因素就是"个人安全"和"周边环境",无痕中国的户外环境公益活动中,为参与者设计了"安全官"和"环境官"两个职位(图9-7),提醒大家在户外活动中确保自己安全、照顾好自己的同时,也要考虑做什么才能加强参加者的环境意识。

在户外活动中,解说者的音量、内容、口音都会影响收听效果。无痕中国的户外活动中,根据青少年更喜欢用读图的方式了解的特点,使用"图示+文字"的方式来进行行前宣讲,可以有效集中参与者的注意力,并理解领队的表达内容(图9-8)。

图9-7 小小安全官和环境官

图9-8 自然指导师用麦克风说明安全注意事项

参 考 文 献

安玉姝，2018. 中国自然教育商业模式研究[D]. 北京：对外经济贸易大学.
巴尔贝尔·奥弗特林，2011. 森林发现之旅[M]. 荆妮，译. 北京：科学普及出版社.
芭尔贝尔·奥弗特林，2014. 大自然的夜空[M]. 郑高凤，译. 北京：科学普及出版社.
鲍亚，2007. 蒙台梭利的自然教育[J]. 学前课程研究，15(2)：39-42.
贝波儿·欧特林，2015a. 放大杯中的探索[M]. 郑高凤，译. 北京：科学普及出版社.
贝波儿·欧特林，2015b. 户外探险指南[M]. 郑高凤，译. 北京：科学普及出版社.
彼特·洪顿，珍妮·沃伦，2016. 带孩子去森林[M]. 刘海静，译. 北京：九州出版社.
陈墀成，余玉湖，2013. 论人与自然的和解——马克思恩格斯生态哲学思想探析[J]. 厦门大学学报(哲学社会科学版)(4)：42-49.
程启平，吴毅安，张书军，2013a. 体验教育的现实依据及实现途径[J]. 安庆师范学院学报(社会科学版)(3)：154-157.
程启平，吴毅安，张书军，2013b. 体验教育对培养大学生创业品质的意义[J]. 高校辅导员学刊(3)：64-67.
程希平，陈鑫峰，叶文，等，2015. 日本森林体验的发展及启示[J]. 世界林业研究，28(2)：75-80.
单之蔷，2019. 垂直地带性是怎样被发现的？[J]. 中国国家地理(6)：11-19.
龚文婷，2017. 国家森林公园自然教育基地规划设计研究[D]. 杨凌：西北农林科技大学.
国家体育总局青少年体育司，中国登山协会，2018. 自然教育操作手册[M]. 北京：高等教育出版社.
何瑞，自然笔记的起源与规范[EB/OL]. (2019-04-19)[2020-07-26] https：//mp.weixin.qq.com/s/JB7ufsYMkzgBzEdTvt3Xrg
贺秀珍，2015. 自然教育：儿童的根性诉求[J]. 教育探索(9)：34-36.
环境保护部宣传教育中心，2013. 国内外环境教育基地典型案例汇编[M]. 北京：中国环境出版社.
环境保护部宣传教育中心，美国环保协会，2011. 气候变化教学活动教师指南[M]. 北京：中国环境出版社.
杰米·安布罗斯，等，2019. DK儿童自然探索百科[M]. 方迟，肖梦，译. 北京：人民邮电出版社.

克莱尔·沃克·莱斯利,查尔斯·E·罗斯,2008. 笔记大自然[M]. 麦子,译. 上海:华东师范大学出版社.

李九生,2004. 对国际环境教育发展轨迹的追溯[J]. 教育评论(4):90-94.

理查德·洛夫,2014. 林间最后的小孩[M]. 自然之友,王西敏,译. 北京:中国发展出版社.

约瑟夫·珂奈尔,2014. 与孩子共享自然[M]. 郝冰,译. 北京:九州出版社.

刘大澂,2007. 第一部《环境教育法》的诞生地——记美国环境教育[J]. 环境教育(10):68-69.

刘慧,2017. 四川苍溪回水湾湿地公园自然教育体系设计研究[D]. 成都:四川农业大学.

吕春枝,刘增莲,2007. 美国联邦与各州教育立法的主导与主体关系[J]. 河北大学学报(哲学社会科学版),32(5):84-85.

玛格丽特·科洪,阿克塞尔·埃瓦尔德,2013. 生命的四季——华德福学校的植物课[M]. 王勇,陈青,译. 天津:天津教育出版社.

尼娜·霍尔姆,等,2020. 自然教育幼儿园活动指导手册I[M]. 宇云,译. 北京:中国林业出版社.

帕蒂·博恩·塞利,2017. 儿童自然教育活动指南[M]. 凤秋,尚涵予,译. 北京:科学教育出版社.

齐锦秋,郝建锋,张海清,2009. 日本自然公园概况[J]. 安徽农业科学,37(5):2094-2095.

钱佳怡,2018. 自然教育在现代园林设计中的体现研究——以余杭径山花海景观提升为例[D]. 杭州:浙江农林大学.

让·雅克·卢梭,2007. 爱弥儿[M]. 彭正梅,译. 上海:上海人民出版社.

深圳市红树林湿地保护基金会,2014. 社区公益是城市活力的体现[J]. 中国社会组织(7):16-17.

孙云晓,胡霞,2005. 在体验中快乐成长——日本的自然教育[J]. 中国教师(1):4-7.

泰戈尔,2010. 泰戈尔谈教育[M]. 白开元,译. 北京:商务印书馆.

田利娜,2016. 海因里希法则启示下的学校体育安全[J]. 才智(7):193.

王建梁,赵鹤,2015. 雪松之歌自然学校:自然活动融于教学之中[J]. 上海教育(8):35-36.

王民,史海珍,张鹏韬,等,2012. 德国、英国自然保护区管理和环境科普情况介绍[J]. 地理教育(7):121-122.

王民,王元楣,2009. 国际视野下的中国环境教育立法探讨[J]. 环境教育(4):37-39.

王清春,刘正源,2016年自然教育行业调查报告[EB/OL]. (2016-12-26)[2018-03-20]

http：//www.natureeducationchina.org/?p=1908

吴楚材，吴章文，2010. 发达国家的森林旅游[J]. 森林与人类(3)：12-13.

杨冬利，2012. 英国中小学环境教育及其对我国的启示[D]. 西安：陕西师范大学.

杨桂芳，陈正洪，2012. 美国国家公园科普理论与实践探索——以美国黄石公园为例[A]//中国地质学会旅游地学与地质公园研究分会、甘肃省国土资源厅、张掖市人民政府. 中国地质学会旅游地学与地质公园研究分会第27届年会暨张掖丹霞国家地质公园建设与旅游发展研讨会论文集[C]. 中国地质学会旅游地学与地质公园研究分会、甘肃省国土资源厅、张掖市人民政府：4.

伊丽莎白·A·舍伍德，2017. 365个科学游戏(自然篇)[M]. 马杨，译. 北京：九州出版社.

袁元，2012. 乡村建设中的自然教育中心规划发展研究[D]. 南京：南京工业大学.

约翰·A·维佛卡，2008. 旅游解说总体规划[M]. 郭毓洁，吴必虎，于萍，译. 北京：中国旅游出版社.

约瑟夫·康奈尔，2012. 自然，是最好的老师[M]. 张立，译. 北京：中国大百科全书出版社.

詹妮弗·沃德，2011. 我爱泥巴[M]. 自然之友，译. 北京：中国环境出版社.

张篁潇，2005. 远离尘嚣——英国芳汀修道院[J]. 旅行者(1)：146-151.

章俊华，白林，2002. 日本自然公园的发展与概况(续)[J]. 中国园林，18(6)：77-80.

赵善俊，2008. 日本环境教育及其立法研究[D]. 青岛：中国海洋大学.

郑真姬，2015. 大自然是最好的课堂[M]. 王佳，译. 北京：中国画报出版社.

中华人民共和国教育部，2017. 中小学综合实践活动课程指导纲要[M]. 北京：北京师范大学出版社.

钟永德，罗芬，2008. 旅游解说规划[M]. 北京：中国林业出版社.

周彩贤，马红，张玉钧，等，2016. 自然教育活动指南[M]. 北京：中国林业出版社.

周奎，2016. 日本的自然教育[J]. 妇女生活(现代家长)(5)：61.

周儒，2013. 自然是最好的学校——台湾环境教育实践[M]. 上海：上海科学技术出版社.

朱晓松，2018. 基于儿童自然教育的社区农园设计研究——以湖南农大娃娃农园为例[D]. 长沙：湖南农业大学.

庄玳瑶，2017. 卢梭的自然教育对我国幼儿园游戏开展的启示[J]. 教育现代化，4(8)：92-93.

A. R C, 1954. Summer Meeting at Malham Tarn [J]. Journal of Animal Ecology, 23 (2): 404-409.

FJORTOFT, I, 2004. Landscape as Playscape: The Effects of Natural Environment on Children's Play and Motor Development Children[J]. Youth and Environments, 14(02)：21-44.

HELEN MELLER, PARTICK GEDDES, 1993. Social Evolutionist and City Planner [M].

Routledge.

JONES C., 2001. Classic wildlife sites: Malham Tarn National Nature Reserve[J]. British Wildlife, 13(1): 29-37.

LARY BECK, TED CABLE, 2003. 21世纪的解说趋势[M]. 吴忠宏, 译. 台北: 品度股份有限公司, 2003.

ROY BALLANTYNE, JAN PACKER, 2005. Promoting environmentally sustainable attitudes and behaviou through free-choice leaning experiences: what is the state of the game? [J]. Environmental Education Research, 11(3): 281-295.

ROY BALLANTYNE, JAN PACKER, 2009. Introducing a Fifth Pedagogy: Experience-Based Strategies for Facilitating Learning in Natural Environments[J]. Environmental Education Research. 15(2): 243-262.

ROY BALLANTYNE, JAN PACKER, 2011. Using tourism free-choice learning experiences to promote environmentally sustainable behavour: the role of post-visit "action resources"[J]. Environmental Education Research, 17(17): 201-215.

SILVIA COLLADO, HENK STATS, JOSE A. CORRALIZA, 2013. Experiencing nature in children's camps: Affective, cognitive and behavioral consequences[J]. The Journal of Environmental Psychology, 33(3): 37-44.

M. J. STERN, R. B. POWELL, N. M. ARDOIN, 2008. What difference does it make? Assessing outcomes from participation in a residential environmental education program[J]. The Journal of Environmental Education, 39(4): 31-43.

WAKE S J, 2007. Designed for Learning: Applying "Learning-Informed Design" for Children's Gardens[J]. Applied Environmental Education & Communication(6): 31-38.

致　谢

人类自然知识的缺乏、对待自然事物态度的消极以及种种破坏自然环境的恶劣行为，已经让自己深陷重大危机。因此，提高全民族的科学环境素养对于国计民生意义非凡，而且已经刻不容缓。

本人希望这本书能给从事自然教育的工作人员提供基本的技术指导。这里要特别感谢中国林业出版社对于本书出版的大力支持。

本书的出版是中国自然教育工作者共同合力的成果。北京林业大学的孙玉军教授和王清春教授多次给予本书各方面的指导，并提出宝贵的建议。北京林业大学的张玉钧教授为本书提供了很多支撑材料。这里还要感谢为本书提供素材的机构和个人，他们是北京八达岭国家森林公园的王爱静老师、黄文华老师，北京南海子麋鹿苑自然教育基地的郭耕老师，北京市八中的高颖老师，无痕中国的大麦老师，湖南长沙沃野自然学校的臧洁老师，深圳梧桐山国家森林公园的朱志用老师、安然老师。他们都是经验丰富的一线自然教育工作者，为本书提供了大量的实践案例和图片。同时，本书也要感谢中南林业科技大学的钟永德教授和唐晖老师的指导和帮助，他们提出了很多中恳的修改建议。

本书还存在不足之处，恳请读者提出。本人将在随后的版本中不断完善。希望本书能成为自然教育工作者的好帮手。

刘艳

中南林业科技大学旅游学院